I0425444

LAÇOS DE AMOR

Psicologia das relações amorosas

LAÇOS DE DOR

Quando a palavra amor tem outros significados.

Publicado por Sopa de Letras Edições
Diagramação – Sopa de Letras Edições
Revisão – Sopa de Letras Edições
Designs de capa – Sopa de Letras Edições/ Tecnologia
Canva
Imagens de Capa - Shutterstock
2ª Edição (Maio de 2019)

ISBN: 9781097963102
Selo editorial: Independently published

Capítulo 1

"Diferente da paixão
O amor é um sentimento
Está acima da razão
E do passar do tempo..."
Roberto Carlos

O ser humano não nasce para estar só e procura a relação com outro ser humano assim que enfrenta o mundo externo ao útero materno. Um bebé recém-nascido busca incessantemente o olhar da mãe para que esta lhe dê sentido à existência e, quando esta não tem competências para servir de «espelho» ao seu filho, quando algo corre mal na relação mãe-filho, estão criadas as condições para o adoecer psíquico, condição essa que vai condicionar as relações futuras na vida adulta.

Como? Pergunta você?

É o grau de maior ou menor saúde mental do sujeito que vai ditar as escolhas de parceiros no futuro: saúde mental implica escolhas saudáveis, ausência de saúde mental implica escolhas erradas, no entanto nem sempre uma infância parca de afetos ou vivida num ambiente disfuncional, é condição para que o ser humano escolha os seus parceiros de amor à luz das suas vivências. A capacidade de resiliência – inata no ser humano – e a quantidade menor ou maior que cada um possui, por vezes, altera aquilo que se adivinhava como sendo um desastre na vida da pessoa. Quer isso dizer que uma pessoa que seja muito resiliente, poderá inverter o rumo da sua vida e escolher um parceiro ou parceira saudável.

O ser humano adulto também procura a relação, procura no olhar do outro - do parceiro que escolheu - a confirmação de que existe e, ao encontrar um olhar responsivo, ainda que seja por breves segundos, deslumbra-se e enamora-se durante algum tempo.

Nasce a paixão. Correspondida ou não.

Todos procuram encontrar a felicidade amorosa, no entanto essa tarefa veio a revelar-se espinhosa para muitos, porque as escolhas foram feitas à luz do modelo relacional aprendido na infância, um modelo desajustado e doente. Esses desencontros amorosos são responsáveis por sofrimento e adoecer psicológico, levando no extremo a tentativas de suicídio, algumas falhadas mas outras bem-sucedidas, infelizmente.

A falta de amor mata, ou faz matar, porque *in extremis* há quem mate por amor, ou em nome do amor e, quem mata, não ama nem a si próprio: está equivocado.

A maioria das pessoas que tenho recebido em consultório com queixas de problemas amorosos perguntam-me sempre porque é que não conseguem encontrar a pessoa certa, aquela porque esperaram uma vida inteira, a que lhes iria proporcionar a felicidade desejada.

A crença de quem tem uma baixa auto estima é que possui algum defeito grave, não é interessante o suficiente, culto, bonito, não têm jeito para relações humanas, não são atrativos fisicamente, enfim, um conjunto de explicações que, de forma racional aliviam o sofrimento de solidão amorosa por alguns instantes, mas que vão baixando a auto-estima de quem as pensa de forma irremediável.

Todos(as) se questionam sobre a razão de não encontrarem um par amoroso que lhes corresponda na mesma medida do desejo e, quase todos os argumentos que encontram são válidos. No entanto, cabe-nos desmistificar esta situação que tem feito correr rios de tinta. Não vou trazer nada de novo, mas, pretendo deixar registadas, algumas matérias que até agora tem sido apanágio de técnicos de saúde mental: psicólogos, psicoterapeutas e psicanalistas e terapeutas familiares entre outros.

Pretendo que este pequeno livro sirva de reflexão no papel que cada pessoa tem nas suas profecias auto destinadas «por exemplo, não tenho sorte no amor» e que acabam por se cumprir de tanto acreditar nelas.

Nem sempre quem fez uma má escolha ou não acertou com o pareceiro(a) acaba por fazer uma repetição, a aprendizagem pela experiência leva à reflexão e mais tarde a pessoa pode ter adquirido competências para se desviar de um novo desastre amoroso. Quando um casal está bem é porque são a pessoa certa um para o outro, embora possam ter pontos de conflito ao longo da vida, porque não existem relações perfeitas, como não existem pessoas perfeitas. Se cada pessoa estiver consciente disto, perdoará mais facilmente os "pequenos defeitos" do seu parceiro, sem partir de imediato para uma situação de separação.

Este curto livro, é complementado por algumas vinhetas clínicas, que servem para ilustrar os casos mais comuns nas relações problemáticas e até para que o leitor se possa identifique com elas, portanto, identifique-se à vontade e reflicta. No final do livro deixo recomendações para mudar o estado de "azar" das pessoas que procuram um par amoroso e se apaixonam sempre pela pessoa errada. Este não é um livro de auto-ajuda no sentido lato do termo - do género faça isto que vai obter aquilo - é um livro que pode ser usado para reconhecer situações na relação amorosa que podem ser apenas disfarces de amor, e tomar uma atitude em relação à sua vida.

Capítulo 2

O QUE É A PAIXÃO OU ENAMORAMENTO?

A paixão consiste num movimento conjunto, em que duas pessoas do mesmo sexo – ou de sexos diferentes - actualizam ou revêm no outro, as partes que mais gostam de si próprias, ou seja, é como se tivessem na frente um espelho (o outro por quem se apaixonam) que reflecte as suas características e as valida. Então, podemos afirmar, que ninguém se apaixona pelo outro, a pessoa apaixona-se por características suas que revê na outra pessoa, por isso, tantas vezes se ouve dizer que são almas gémeas. Sim, são de facto tão parecidas que se revem um no outro. Por esta altura já deve estar baralhado porque sempre ouviu dizer que os opostos de atraem. Os opostos só se atraem nas leis da física, nas relações humanas não.

Não será esta condição problemática? Sim é problemática, porque quando caem as "lentes cor de rosa" como se a pessoa tivesse uns óculos especiais que só deixam ver as qualidades do outro, aparecem os defeitos e, por sua vez, estes defeitos no outro tornam-se insuportáveis. Na realidade o que aparece são os próprios defeitos reflectidos e projectados no parceiro(a), aspectos que a pessoa não suporta em si, logo não suporta no outro. Surgem as acusações e a desilusão.

Está criada a condição para um desastre amoroso eminente.

Por volta de dois anos depois do casamento, o teste à relação começa. O casal já viveu tempo suficiente junto para que possa ver o outro como ele é na realidade. Estes defeitos já existiam mas, à medida que a paixão arrefece, eles aparecem e tornam-se motivo de conflito, ou pelo contrário, há uma aceitação de que o parceiro ou parceira não é perfeito e a relação solidifica-se e continua. Esta será a conclusão desejável, e aquela que acontece com mais frequência.

Portanto a paixão é um movimento reciproco em que na verdade o outro não tem importância nenhuma, o que existe é a vontade de apostar na própria pessoa e ver em ação aspectos seus. A paixão é um estado alterado da consciência em que a pessoa se apaixona por "qualidades suas, reflectidas no outro", logo, à luz da realidade, essa paixão pode desmoronar-se, sobretudo se tomar outras formas de "amor", como veremos adiante.

Consoante a idade esse movimento é mais ou menos intenso, mais elaborado (com esquemas refinados de conquista) ou menos intenso e menos elaborado, como nas crianças, quando despertam para sexualidade.

Num primeiro momento é um movimento silencioso que passa por olhares, sorrisos, borboletas na barriga e um excitamento quando vê o objecto do seu amor, mas, à medida que há uma aproximação o casal enamorado procura uma espécie de ilha deserta onde dá largas à sua paixão, ou seja, o casal isola-se e nesse momento basta-lhe a companhia um do outro. Afastam-se dos amigos, da família, da sociedade em geral. Aquilo que pode gerar entropia, é sentido como intrusivo e o casal tenta preservar aquilo que julga eterno: a sua paixão. É nesta altura que trocam confidências, memórias e falam até de todos os casos amorosos que já tiveram, muitas vezes numa atitude patológica mascarada de «não tenho nada a esconder», mas valendo render os seus atributos de macho/fêmea que conquistou muitas mulheres ou homens. Mais tarde no tempo, quando os problemas surgem, estas revelações vão minar a relação do casal ou mesmo acabar com ela, quando a parceira (o) descobre que não é única(o), que continua a fazer parte " do harém" passado, presente e futuro que o homem mantém, ou no caso das mulheres, fazem valer o seu valor pelo número de homens que têm, ou já tiveram aos seus pés.

O momento da paixão pode durar minutos, e de

seguida a pessoa passa para outro objecto de desejo, ou, pode durar até dois anos, tempo que leva a terminar o estado de paixão.

E depois o que acontece?

Depois, ou fica o amor, um sentimento sereno e de partilha, de aceitação e complementaridade (o casal completa-se, o que um não têm, o outro têm) ou acaba porque se tornar insuportável ver o outro como ele é na realidade, um ser com defeitos e qualidades, mas onde a parte negativa sobressai mais. A mente humana, tende a reter e valorizar mais, as coisas negativas em detrimento das positivas.

Quando o casal permanece junto é porque prevaleceu a saúde mental dos dois e, felizmente essas são a maioria das situações e, a aceitação total pode variar em tempo, como referido atrás. Cada pessoa tem o seu tempo interno, o que uns podem fazer em poucas horas, ou dias, outros levam meses ou anos.

Os jovens, quando se apaixonam ficam fascinados pelo outro e costumam dar azo a essa fantasia que os coloca num estado de excitação e êxtase difícil de repetir ao longo da vida. Noutras idades, depois de ter alcançado a maturidade afectiva a visão é diferente, mas quando jovem, a importância atribuída ao físico é primordial. O exemplo que se segue demonstra como é visto e sentido o primeiro amor.

Jovem de 15 anos, com um namoro de dois meses.

" Ele é tão lindo, assim que o vi, fiquei fascinada. Nunca vou encontrar ninguém como ele. Só ele me compreende, ninguém mais me conhece tão bem como ele. Nem sei como vai ser a minha vida sem ele. Quando o vejo até sinto coisas a subir pelo estômago. Fico atrapalhada e com vergonha e as minhas amigas dão risos parvos o que me deixam ainda mais parva, só faço disparates. Quando o vejo na aula de ginástica fico de boca aberta. Ele tem um corpo perfeito. "

Um rapaz ou uma rapariga que ao longo da adolescência tenha construido uma auto-estima frágil, em que se vê a si própria de uma forma deformada fisicamente1, e considere que tem um defeito físico que não o torna interessante para o sexo oposto, vê desaparecerem os complexos e os problemas que possa ter, quando a paixão é correspondida. Funciona como uma espécie de cura temporária, ou seja, quando a paixão dura, não há complexos, mas, quando acaba eles voltam em dose redobrada e, como o outro já não funciona como *remédio*, eles tendem a aumentar sempre que há uma desilusão, levando muitas vezes à depressão quando esse estado de repetições é prolongado no tempo.

A paixão ou enamoramento é vivido de maneira diferente conforme a idade. Na puberdade não passa de um sentimento que nem é falado, passa por dizer que tem um namorado(a) mas a convivência é de amigos, estão a ensaiar as relações adultas através da brincadeira, numa forma lúdica num jogo de ensaio de papéis. Na actualidade essas paixões infantis tem sido demasiado valorizadas pelos pais, e sociedade, numa atitude de progressismo e mente aberta, não sabendo que por detrás dessa prática se esconde algo muito nefasto ao desenvolvimento infantil: a erotização precoce da criança. Caso para alertar os pais que, criança não namora, criança tem amigos (as), e quando refere que tem namorado, não se deve valorizar, nem desvalorizar, basta ouvir e deixar a criança seguir o seu rumo de se experimentar nos papeis sociais.

Na adolescência, a paixão é volátil, de manhã a pessoa está por uma à tarde por outra, porque a pessoa sente-se com o corpo deformado. Pode ser temporário e na pessoa física com alguma frequência, desapareceno mais tarde ou pelo contrário pode tornar-se numa patologia e necessitar de intervenção psicoterapêutica.

um objecto de amor, durante mais tempo vivendo todas as fases da paixão. Se existir saúde mental e muita capacidade de resiliência muitas vezes fica para a vida.

Nesta época, na adolescência, a paixão é vivida em esplanadas, praia, discoteca, bares, e grandes discussões sobre a vida, verdades abstractas e teóricas estão sempre em mutação, porque são pessoas em construção acelerada. Um namoro na adolescência é quase sempre eterno mesmo que dure um mês, vivido com intensidade, e a ruptura é proporcional à ligação, é vivida com ódio, alternando entre amor/ódio.

No entanto, infelizmente, ainda nem todas as sociedades e familias deixam aos jovens a decisão de escolher livremente o seu parceiro ou parceira, sendo por vezes, altamente condicionadora da escolha que a pessoa faz. Os *proibidos* leva a que a pessoa tente escolher alguém aceite socialmente, ninguém consegue viver com o peso da exclusão social, assim, manda a lei social, *não dita* por vezes, ou seja, actua no inconsciente, que a pessoa não se apaixone por alguém que seja casado ou tenha namorada(o).

Não cobiçarás o que é do próximo, diz a biblia(êxodo 20).

A pessoa tenta encontrar um parceiro certo, existindo nestas situações uma coincidência de país, religião, idade, e até de timing com essas pessoas. A confluência psíquica dos dois apaixonados (parecendo uma coisa mística) facilita o encontro e a paixão. Um casal para viver a paixão tem que estar perto um do outro e, quando estão distantes, como no caso das pessoas que se conhecem em viagens ou pela internet, procuram sempre aproximar-se um do outro e, quando a relação é forte o suficiente, entram num acordo e sedentarizam-se em algum lugar conveniente aos dois, ou pelo menos do acordo dos dois.

Jovem de 25 anos fala sobre a forma como os pais se conheceram.

" *Os meus pais conheceram-se num interrail quando*

acabaram a universidade. Mesmo sendo de nacionalidades diferentes, isso não os impediu de ficarem juntos. Casaram e o meu pai deixou o Reino Unido e veio viver para Portugal e já passaram vinte e cinco anos. Foram feitos um para o outro."

Mas, os contextos sociais podem ser muito conservadores e nem sempre as escolhas são bem aceites na família quando são de nacionalidades diferentes. No caso descrito acima, um inglês e uma portuguêsa, a família de ambos aceitou muito bem o casamento dos dois.

Mas nem sempre os conhecimentos fora da esfera social em que a pessoa se movimenta correm bem e o motivo pode ser a aceitação da família.

Por vezes ainda, as pessoas possuem caracteristicas de personalidade mais ou menos depressivas que conduz a uma escolha que vem a revelar-se desastrosa.

Os casais amorosos formam-se de uma forma muito particular, fazendo par com o seu oposto (em algumas situações) nas caracteristicas de personalidade, que possibilita a complementariedade. Por exemplo, uma pessoa que seja depressiva, apaixona-se quase sempre por uma pessoa que seja narcísica. O depressivo precisa do brilho do outro, porque possui uma baixa auto-estima; e o narcísico precisa de alguém em quem possa descarregar as suas frustrações, disfarçadas de uma auto-estima elevada. Assim, como o sádico procura sempre o masoquista e vice versa, procura-se sempre num parceiro aquilo que nos falta, ou complementa e, apesar de poder parecer uma relação doentia, aos olhos externos, por vezes estes casais tem uma vivencia amorosa "feliz", ou pelo menos pacífica e duradoura.

No entanto todas as pessoas querem encontrar alguém com quem tenham um vínculo de exclusividade, numa relação em que a pessoa é a primeira na escala de importância para o outro, reproduzindo assim a relação que a mãe tinha com a criança no início da vida. Este vínculo, o vínculo amoroso, é tão exigente como o vínculo materno: o abandono sentido com a distância do outro, as saudades construídas e os pequenos presentes constantemente oferecidos como forma de evocar a relação permitem que a pessoa se sinta única. Mas quando as coisas correm mal e a pessoa verifica que foi enganada, surge a depressão e a raiva. O caso seguinte ilustra um par em que a mulher tem uma personalidade depressiva e escolheu como par um homem narcísico/perverso, que a mimou durante poucos meses em que estiveram juntos, fazendo-a sentir única, para depois a abandonar fisicamente, ao partir para outro país, ainda que relativamente perto. A incredulidade desta mulher perante o que lhe aconteceu levou-a a deprimir e a não aceitar que foi usada durante um tempo como objecto sexual, prolongamento narcísico do outro, até pelo cargo profissional que ocupava. Como todos os narcísicos perversos, rapidamente se cansam do par escolhido e o substituem por outro. Esta permissa é válida para homens e mulheres.

Mulher 36 anos, com uma relação suspensa pela mudança de país do namorado, há ano e meio. Continua à espera dele.

"Eu sei que ele me está a mentir. Mas diz sempre que vai voltar para retomar a nossa relação. Já passou um ano e meio e a distância que nos separa é apenas 2 horas de avião, então porque é que ele não me deixa ir visitá-lo? Diz que está tudo como era, que continua a querer fazer vida comigo mas não muda nada. Sei que ele tem obrigações lá, que até esteve doente, mas quando o vi na televisão a fazer a reportagem fiquei estarrecida, parecia outra pessoa, disse-lhe isso e ele ficou ofendido."

O perverso narcísico, como o homem do caso ilustrado acima, tem sempre um cúmplice (que não se apercebe) na sua perversão e, o seu cúmplice é o parceiro. Este só faz o que o outro permite que faça. Neste caso a perversidade deste homem consiste em manter esta mulher presa a ele por um vinculo indelével e que já não existe na mente dele. Não a quer, mas não a liberta para outras relações. Além de perverso é tirânico porque o sofrimento que inflinge ao outro é consciente. Sabe que o outro está a sofrer e isso dá-lhe prazer.

Mas agora pergunta o leitor, acerca do caso acima. Então é perverso, é narcísico, é sádico é o quê?

É tudo isso. São pessoas muito bem sucedidas profissionalmente mas que escondem por detrás dessa competência e do verniz social, uma patologia de carácter só detectável por quem vive com eles na intimidade e, mesmo assim, podem viver um vida inteira com um companheiro ou companheira, a perguntarem-se onde erraram para que lhe seja infligida tanta dor. Não erraram, apenas foram "enganados", pelo estilo relacional conhecido. No entanto, a manutenção desse sofrimento às mãos do outro depende do grau de depressividade. Uma pessoa muito depressiva geralmente não aguenta uma vida inteira com um perverso narcísico e pode mesmo suicidar-se ou enlouquecer momentaneamente e matar o outro, ou deprimir de uma forma tal que dificilmente se trata. São homens e mulheres que se degradam psicologicamente, adoencem fisicamente e não descobrem a fonte do seu mal estar, quando os outros, os que veêm de fora, há muito o descobriram. O sofrimento psicológico tem um limite para todos os seres humanos, mas existem pessoas que o suportam uma vida inteira, mesmo às custas da sua saúde mental: são os mártires.

E porque é que estas pessoas são assim? Porque cresceram em ambientes disfuncionais em que imperava um narcisismo doentio, perversidade, e aprenderam com os modelos disponíveis, pais ou substitutos. Internalizaram o modelo relacional parental – todos os seres humanos o fazem – e repetem-no pela vida fora, na escolha dos parceiros e até na amizades.

Capítulo 3

AS ESCOLHAS CONDICIONADAS PELA SOCIEDADE.

Todos os seres humanos procuram cumprir as leis morais da sociedade onde estão inseridos e *in extremis* quando não o fazem estão sujeitos à censura ou mesmo à pena de morte como no caso dos países fundamentalistas que se regem pela Charia, lei do Corão. Mas não pretendemos falar aqui de aspectos culturais e religiosos muito específicos, esses, fora do nosso alcance, a nossa abordagem diz respeito ao mundo ocidental e às sociedades ditas civilizadas.

Não cobiçarás a mulher do próximo é uma das premissas da igreja – nas suas várias ramificações - e, quando se forma um par amoroso que conduz ao adultério, as pessoas envolvidas são apontadas socialmente sobretudo em meios socias mais pequenos onde todos se conhecem (vilas e aldeias) mas no entanto, desde que o ser humano povoa a terra que se cobiça a mulher ou homem do próximo.

Porque é que isso acontece? Porque é que os casais constituídos traem o parceiro ou parceira?

Por várias razões que dizem respeito à dinâmica da relação e às características de personalidade dos envolvidos. Em primeiro lugar se alguém "penetra" na relação entre duas pessoas que formam um casal, é porque há espaço para tal. A relação desse casal está numa fase em que os problemas apareceram e não conseguiram ultrapassar a situação, deixaram de comunicar, só veem os defeitos do outro, deixaram de amar o outro, entre outras situações.

O que é que está a acontecer no casal? Problemas ligados à comunicação a maior parte das vezes (o casal perdeu o hábito de conversar e partilhar assuntos), um dos membros está desiludido com o outro e procura colmatar essa falha encontrando conforto noutra pessoa, ou, em algumas situações, a mulher está gravida ou tem um bébe recém-nascido e dedicou-se na integra ao filho, esquecendo-se do marido.

Outra situação que pode levar a problemas no casal é quando um quer filhos e o outro não. No caso abaixo a mulher engravidou sem que o marido estivesse preparado para ser pai - apesar de ter concordado para não a contrariar - portanto um projecto de maternidade individual e que conduziu à separação do casal pouco tempo depois do filho nascer.

Mulher 31 anos. Casada há 3 anos.
" Não percebo. Ele quis o bebé tanto quanto eu e agora, fez isto. Como é que ele teve coragem de arranjar outra mulher enquanto eu tratava do filho dele. Veja bem que até me mandou uma mensagem enganada, que era para ela."

A mensagem enviada por engano não deixa de ser um alerta inconsciente para o desconforto que a pessoa sente na relação e um recado que pode ser lido da forma «olha que estou a sentir-me sozinho». Estes *actos falhados* que os homens que se sentem abandonados fazem, são sempre um recado inconsciente para as esposas que se dedicaram só ao bebé. Normalmente estas relações extra casamento acabam rápido desde que as esposa saiba compreender a situação e " perdoar" ao marido. Mas, muitas vezes a esposa não comprende o que se passou, não perdoa e sente-se ultrajada e a relação fica em perigo.

E quando a relação com a outra não acaba e o homem sai de casa?

Há homens que não suportam o abandono, porque de alguma forma também se sentiram abandonados em crianças, pelas suas mães, - falo de um abandono emocional, não um abandono físico - e, quando entra uma criança na relação de casal, relação essa que passa a ser triangular, ele exclui-se e vai em busca de quem lhe dê exclusividade. Nesses casos o casal separa-se se entretanto não procuraram ajuda especializada.

Mulher, 31 anos, casada há dois anos.

" Estava eu grávida de 6 meses já ele tinha a outra. Dizia que era mentira, mas ficava todos os dias a trabalhar até tarde. E, quando a menina nasceu, nem um mês ficou em casa, abandonou-me. O que é que a outra tem que eu não tenho. Nem um ano estivemos casados. Depois quando eu o confrontei disse-me que desde que engravidei esqueci-me dele, acha isto normal? O filho era dos dois, mas ele perdeu o interesse por mim."

Neste caso, ela sentiu-se preenchida afectivamente com a gravidez e perdeu o interesse no marido. Carente, o homem nem sequer lutou, afastou-se de vez constituindo outra família pouco tempo depois com outra companheira.

Outra pessoa que pode não ser a certa – para a sociedade ou para a familia - é a pessoa de raça ou etnia diferente. Em países de maiorias brancas ou negras quando alguém escolhe como par amoroso uma pessoa de raça diferente ainda é descriminado.

Rapariga com 21 anos, estudante

" O meu namorado é negro e estuda como eu. Conheci-o pelo facebook e gosto imenso dele, mas quando os meus pais descobrirem não sei que vai acontecer. O meu pai esteve na guerra em África e odeia negros."

Numa sociedade racista, uma relação amorosa deste género poderá ser quase impossível de acontecer. Implica ir contra a família, amigos, sociedade em geral, no entanto, uma escolha deste tipo poderá ter outras motivações diferentes do amor verdadeiro. Todos os adolescentes pretendem ser melhores que os próprios pais nas suas escolhas amorosas, sobretudo quando vêem no pai e na mãe um mau exemplo de casal e, para isso têm de construir relações radicalmente diferentes, que os levem a experimentar o nunca experimentado, e a concretizar aquilo que pensam não ser aceite. Escolhem então um par de choque. Se os pais querem perpétuar este tipo de relação nada melhor que irem contra. Arranjam uma guerra que não tem fim, mas, se pelo contrário, incentivarem e incrementarem o convívio com a família, estão a por à prova essa relação que pode ser irreal e em pouco tempo as diferenças culturais acabam com a relação quando há um abismo muito grande entre as duas pessoas. No entanto relações deste género nem sempre estão devotadas ao fracasso e, algumas duram no tempo e no amor.

As semelhanças são importantes para que uma relação resulte, mas não funciona como um dogma, em sociedades com uma variedade de culturas, alto índice de civilidade, evoluída, mais rica e mais tolerante, a miscigenação acontece com naturalidade e nem sequer é posta em causa.

No entanto, uma relação que pode ser ao inicio um conto das mil e uma noites, pode transformar-se num pesadelo. No caso descrito abaixo as diferenças culturais eram muitas embora estivessem mascaradas no inicio. O homem tinha que cumprir uma tradição muçulmana: casar com a noiva prometida desde criança.

Rapariga 25 anos, numa relação com um muçulmano á dois anos
"O meu avô é suinicultor, agora imagine o horror dele quando visitou a propriedade. Um verdadeiro muçulmano não come nem se aproxima de um animal impuro. Ele é educado, tratava-me como uma princesa, e não disse nada. Mas, passado algum tempo acusava-me de não fazer nada em casa e, um dia bateu-me. Os meus pais nunca me disseram nada, mas hoje reconheço que não era homem para mim. Não conseguia comer e calar. Vai casar agora no final do mês, com uma noiva prometida há muito e da qual eu nem sabia da existência."

No inicio tudo era mágico para a rapariga. Um namorado culto, com formação académica superior, de outra cultura, bonito e muito cavalheiro. Aparentemente eram apenas dois jovens universitários apaixonados, mas as diferenças culturais falaram mais alto e a relação do casal culminou numa agressão à jovem e na separação do casal. Separação essa que estava destinada desde o inicio. Afinal a essência cultural do rapaz esteve sempre presente e falou mais alto que tudo.

Capítulo 4

QUANDO A FAMÍLIA FAZ PRESSÃO E INTERFERE NA VIDA DOS FILHOS.

A sociedade e a família tendem a normalizar as relações amorosas, «somos tão mais felizes, quanto mais parecidos uns com os outros» e, por vezes, a escolha do par amoroso recai sobre alguém que a família aprova mesmo que não seja essa a vontade da pessoa. De uma forma inconsciente, a pessoa está formatada para não desiludir a família.

Quando o par tem qualidades reconhecidas socialmente funciona como uma pressão extra para que a escolha recaia sobre o escolhido pela família.

Eis alguns exemplos: ele ou ela são trabalhadores aplicados, trabalham no mesmo ramo da família, são da mesma religião, são poupados na gestão do dinheiro, são bonitas e obedientes como as mulheres da família, enfim, a lista não terminava decerto, mas são estes predicados que condicionam as escolhas do par amoroso, segundo as leis da família.

Se a filha ou filho escolhe alguém fora da estrutura é sentido como uma traição e, inúmeras vezes, quando o casal é saudável e quer manter a sua autonomia, tem que fazer um corte, ou pelo menos pôr limites à família, na intromissão da sua vida de casal. Quando não conseguem defender-se enquanto casal, por fragilidades psíquicas ou económicas dos dois ou de um, vão ser engolidos pelas famílias de origem (muitas vezes em disputa entre si para ver quem manda mais) e passam a funcionar como eles, perdendo a sua identidade de casal ou nunca a chegando a criar. O casal está condenado a uma existência de família, casados com a família.

Estas famílias que " casam" com o namorado(a) da

filha(o) não permitem que o casal tenha sequer lugar para a erotização e para a relação conjugal, tomam conta do espaço físico e mental que deveria pertencer ao casal e não devia ser ultrapassado. As férias são passadas em família, os serões são passados em casa do filho a visitar o neto, os fins-de-semana são passados em almoços de família. O casal só existe na medida em que os pais ou sogros o permitam. Os conflitos aparecem, ou, quando não são exteriorizados sob a forma de zanga, um, ou os dois adoecem. No caso descrito abaixo a mãe do rapaz fez uma aliança inconsciente com a esposa do filho, colocando-se sempre no papel de defensora das mulheres e, quando anos mais tarde o casal entrou em ruptura e aconteceu uma traição, o homem sentiu-se duplamente traído.

Homem, 31 anos, divorciado há dois anos
"A minha mãe adorava-a. Chegou a dizer-me que ela é que devia ser filha dela, gostava mais dela que de mim. E, não é que descobri agora, passados estes anos que ela lhe telefona e a minha mãe lhe conta a minha vida. E, quando lhe disse que me ia divorciar, que ela me foi infiel a minha mãe nem quis saber, o infiel parecia eu. Infiel á família. A única coisa que ela arranjou para me dizer foi « ai filho que desgosto, nunca pensei passar por uma coisa destas, o que vai ser de nós, como é que vamos passar férias agora sem ela?». A minha mãe tomou o meu lugar não sei se percebe?"

Quando a família de origem ocupa o lugar do esposo, na pessoa de um sogro, ou uma sogra bem intencionados, o casal não tem a minima hipótese de criar uma vida autónoma. Tudo passa a ser vivido em conjunto e as coisas do casal são pertença e vividas como se fossem dos sogros.

Por outro lado, quando um membro do casal não está por inteiro naquela relação, quando tem dúvidas e muitas vezes não tem noção que existe um mal estar, "aproveita-se" de forma inconsciente dessa situação para evitar a intimidade com a esposa ou esposo. Tomamos como exemplo o caso dos homossexuais que optam por casar e ter filhos – vivendo contra a sua própria natureza – para não serem estigmatizados ou porque não se aceitam a si próprios e mascaram a sua identidade sexual dessa forma. No caso descrito a seguir.

Mulher, 60 anos, mãe de uma filha casada.
"Já não sei que faça. A minha filha está casada há vários anos, teve um filho porque eu lhe disse que se queria filhos devia tê-los antes dos 35 anos, e passa o tempo na minha casa. Faz as refeições connosco, viajam connosco, já pensei que ela não quer estar com o marido. Ela tem quarenta anos mas não se desliga de nós."

Não se desliga da família de origem porque assim evita a intimidade com o marido. Por outro lado, a mãe queixa-se da filha, mas vive numa dependência da sua companhia, para assim, também ela evitar a vida a sós com o marido. Os vínculos relacionais repetem-se através das gerações.

Capítulo 5

O PAR CERTO PARA A PESSOA MAS ERRADO PARA A FAMILIA

A criança, habituada a agradar para que a amem, aprende cedo que ao portar-se bem vão gostar mais dela e, as escolhas amorosas mais tarde são baseadas no mesmo princípio.

"A minha mulher irrita-se comigo quando percebe que a minha mãe vai estar nos mesmos locais onde vamos, mas eu não consigo dizer à minha mãe que não vá. Que mal faz? Estão lá dezenas de pessoas, porque não pode estar a minha mãe?"

No caso acima o homem era incapaz de desagradar aos pais. Foi um menino que viu o pai maltratar a mãe e a quem a mãe se apegou muito, logo como defensor eterno da mãe, nunca conseguiu por limites à sua relação com ela, permitindo interferências na sua vida de casal ao ponto de a por em risco. Cada vez que pensava em fazer qualquer coisa com a mulher, que não incluísse a mãe dele, era como se estivesse a trair a mãe. Claramente este homem era a pessoa errada para esta mulher e ela a pessoa errada para a família dele.

Mulher, 37 anos casada há três anos.
" Desde que o menino nasceu que não tenho descanso. Já não aguento a presença deles. Os meus pais evitam ir à minha casa porque sabem que quero privacidade, mas os meus sogros não fazem qualquer esforço. As 20 horas em ponto, todos os dias, lá estão eles a tocar à campainha. Estou com uma raiva daquela gente que nem imagina, e ao meu marido também. Ele diz que eles só vão ver o neto, mas será que não pensam que nós queremos estar à vontade? E o meu marido não tem coragem de lhes dizer,

*eu assim não aguento. Foi por isso que tive aqueles
ataques de fúria e lhe bati. Imagine que há dias, farta
desta situação, disse ao meu marido que no fim-de-semana
íamos sair só dos dois com o menino. Ele concordou em
não dizer aos pais dele e saímos os três para passar o fim e
semana fora. Sabe o que aconteceu? Fizemos uma paragem
a quase cem quilómetros de casa para descansar da
viagem e, quando estamos parados, os pais deles
passaram na estrada, de carro, pararam e disfarçaram
como se tivesse sido uma coincidência encontrarmo-nos.
Fiquei capaz de matar o meu marido. Não foi capaz de
guardar o segredo da nossa viagem e depois ainda me
disse que eles ficavam preocupados e não via motivo para
mentir aos pais."*

Se por um acaso, aparece outra pessoa, nesta situação
de vulnerabilidade, uma relação já só baseada na
funcionalidade, sem erotismo, correrá certos riscos de
terminar. A mulher, descrente nas capacidades do marido,
poderá viver uma paixão com alguém momentaneamente,
mas também se pode dar o caso de ela descobrir que o
amante é a pessoa certa para ela e pedir o divórcio.

Mulher, 38 anos, casada há catorze.
*" Não sai de perto dos pais para nada, estou farta.
Quando surgiu o X fiz comparações e o meu marido perdia
de longe. A sorte dele é que eu descobri que o X era um
homem doente, mas durante um tempo senti-me uma
rainha e, olhe que estive quase a deixar o meu marido.
Estava farta dele sempre colado aos pais. Um homem com
quase cinquenta anos dependente da família! Não pode
ser!"*

Capítulo 6

ACERTEI NA ESCOLHA!

Encontrou a pessoa certa? Então prepare-se para uma tarefa gigantesca. A pessoa certa para si (e você para ela) vai dar imenso trabalho. É demasiado parecida consigo e com as pessoas que fazem parte do seu contêxto familiar e social e, ao mesmo tempo parece completamente diferente porque reage de maneira diferente a tudo o que você estava habituado(a) nas outras relações. É cúmplice das coisas que fazem os dois e não abandona, é exigente consigo, aprecia a sua companhia e valoriza-o(a), faz planos consigo, ri-se e chora consigo, mas não deixa que você controle. Obriga-a (o) sair de casa e viver outras aventuras, tais como viagens ou conhecer museus, incentiva-a(o) a estudar e adquirir cultura, a saber defender-se de gente que lhe quer mal...entre muitas coisas, sem nunca abandonar. Fica.

Quando encontra a pessoa certa a surpresa é muita, pois quase sempre espera que seja outro fracasso (sobretudo quando já fez várias tentativas), mas no entanto há quem acerte à primeira. A pessoa certa surpreende sempre pela generosidade quando a pessoa é avarenta, ou o contrário, ser avarenta quando a pessoa é generosa, mas, no entanto fica consigo. Discute política, ambiente, economia e fala sobre as telenovelas ou séries com entusiasmo, sem nunca se dar por vencido(a), convida para dançar, ir ao cinema ou simplesmente ficar na conversa com os amigos. Aceita o seu dia-a-dia e, curiosamente se você adoecer, ainda se oferece para ir consigo ao médico. Cozinha para si, ou convida para jantar fora. Você está surpreendida(o).

No entanto, a pessoa certa, pode ser uma pessoa banal aos seus olhos, pode não ser tão culto como você pensava, pode não saber nada de literatura, música, viagens, e você pode não saber nada de cozinha, mecânica automóvel, mecatrónica ou de pintura. Mas podem partilhar os saberes: completam-se. Sentem-se bem na companhia um do outro. Fazem planos para o futuro.

Casais tão diferentes podem muitas vezes despertar a atenção dos outros que ficam a questionar o que é aqueles dois têm a ver um com o outro. A verdade é que quando a pessoa se apaixona, apaixona-se pela partilha secreta de uma estrutura de personalidade comum aos dois e com capacidades, defesas e competências complementares. Essa estrutura une as pessoas em sintonia, mas o potencial tornado capacidade é sempre muito diferente, o que implica sempre uma relação muito trabalhosa. As relações duradoiras são trabalhosas. Nenhuma relação é idílica, perfeita como nos livros de romance. Acredite e tornará a sua vida mais fácil.

Homem, 32 anos, divorciado.
" O que me espanta mais é que com a X é tudo diferente. Não há discussões, brincamos, rimos e, o mais surpreendente, é que nunca tive ciúmes dela, nem me passa pela cabeça essa coisa dos ciúmes, logo eu que fazia filmes por tudo e por nada. Não sei o que é diferente, mas assim que a vi, percebi que ela era a tal. Não é bonita como a minha ex-mulher, mas eu acho-a linda. Encanta-me a serenidade dela, a forma como ela aprendeu a lidar comigo. Não sou uma pessoa calma como sabe, mas a minha ex-mulher gritava comigo quando eu me irritava, a X deixa-me acalmar e só depois vem ter comigo para continuarmos a conversa. Dou por mim nos últimos tempos a irritar-me menos. É a mulher certa para mim. Resistir a vasculhar o Facebook dela ou o telemóvel é uma novidade para mim. Até eu estou surpreendido comigo. Confio plenamente nela e nem sei porquê. Nunca tive uma experiência assim tão gratificante. "

Existe uma premissa para que exista um casal em harmonia amorosa: confiança. Quando não há confiança não há casal.

Neste tipo de relações, relações de confiança, existe respeito pelo segredo partilhado, adivinha-se as necessidades secretas do outro, as discussões são apenas troca de argumentos e nunca azedam. A aceitação nestes casais felizes implica sempre maturidade afectiva para que as duas pessoas não sejam postas em causa pela relação. Quando isso não acontece, quando há imaturidade emocional de um ou dos dois, surgem as zangas, as birras, as chantagens e nessas condições não há casal, há simplesmente duas pessoas em conflito e o amor toma outras formas.

Quando é que podemos dizer que existe um casal naquelas duas pessoas que se apaixonaram? Quando há, sobretudo confiança, para além da paixão. A confiança é a base de uma relação desde que a criança nasce. Se a criança não tiver confiança no amor dos pais, vai crescer insegura e desconfiada e os ciúmes aparecem, seja dos irmãos, dos amigos, dos colegas de escola ou universidade e, mais tarde do namorado(a). São estas pessoas que vasculham os telemóveis e o facebook (até mesmo o email), do seu par e chegam ao ponto de instalarem programas informáticos espiões para saberem as passwords e assim controlarem a vida do outro. Para que exista uma relação saudável, para que seja a pessoa certa, tem que existir confiança absoluta e não pode existir controlo.

Os ciúmes não são manifestações de amor, são manifestações de insegurança, auto-estima baixa e de distúrbio mental, os ciúmes são disfarces de amor. Também não é verdade que quando existe ciúme é uma prova de amor. Ciúme é prova de instabilidade mental e quando há um membro do casal que começa a manifestar essa tendência, ela pode crescer e chegar até à violência doméstica.

Homem, 27 anos, com um processo em tribunal por ofensa à ex-namorada.

" Namorei com a X durante um tempo e achamos que não gostávamos um do outro dessa forma. Terminamos e ficamos amigos na mesma. Mais tarde conheci a Z e gostava muito dela. Z não gostava que eu fosse amigo da X e, um dia pegou no meu telemóvel e mandou uma mensagem do mais horrível que se possa imaginar a X, como se tivesse sido eu. Não contente com o estrago que fez, criou um perfil falso no facebook de X e escreveu coisas difamatórias sobre ela. X levantou-me um processo em tribunal e, eu para não acusar Z, dei-me como culpado. Agora tenho que pagar uma indemnização a X e terminei o namoro com Z. Todos me dizem que não devia ter feito isso, não me devia dar como culpado de uma coisa que não fiz, mas não consegui acusá-la."

Esta situação mostra o controlo que o elemento feminino do casal exerce sobre o outro, para além da perversidade com que manipulava a sua vida. Mais à frente vamos falar da patologia de um ou dos dois membros do casal e das implicações que isso pode ter na vida dos dois.

Capítulo 7

QUEM MANDA NA MINHA CASA É A MINHA SOGRA

As mulheres do sul da europa têm um grande poder nas famílias e na estruturação da família latina. Há um matriarcado escondido. Elas decidem a vida dos filhos, como os educam, e até com quem vão casar. Quando os filhos não têm competências para irem de encontro a essa invasão materna ou paterna, vivem uma vida de jugo, dominados e incapazes de decidir a sua vida. São filhos ou filhas submissos e que desenvolveram ao longo da sua vida uma relação de dependência com os progenitores. Não tomam decisões sozinhos, não conseguem entabular uma relação com um par na maioria das situações (são os(as) solteirões) e, quando casam quase sempre o fazem com alguém que a mãe aprove e consiga dominar. Se a mulher ou marido consentir com esse arranjo mãe/filho(a), tudo funciona bem (ou quase), mas se o parceiro não tolerar essa situação quase incestuosa (ainda que seja só ao nível simbólico), estala a guerra e a separação acontece na maioria das vezes, para bem da sanidade mental do membro do casal que não aceita essa condição.

Mulher, 48 anos, casada há 24 anos.
" Tenho a minha casa recheada de móveis e adornos que não escolhi. A minha sogra mobila a minha casa sempre que quer, decide a cor das cobertas, dos lençóis, dos cortinados e descobri há dias que o modelo do carro e a cor também foi ela que escolheu. Não consigo olhar para o meu marido a direito. Nós fomos à Disney porque a minha sogra pagou a viagem, não que não tivéssemos dinheiro, mas foi ela que decidiu, percebe? Há vinte e quatro anos que choro todos os dias e, muitas vezes pensei em separar-me, mas tenho pena dos meus filhos, a minha mãe morreu eu era pequena, mal a conheci e não os quero privar da família. Mas o meu marido é um banana, quem manda

nele é a minha sogra."

Estes arranjos familiares em que a família de origem gera entropia na vida do casal são quase sempre desastrosos para o novo núcleo familiar e funciona quase sempre à custa da saúde mental do membro do casal que se cala e aceita tudo em nome da harmonia da família.

Estes quadros intrusivos na vida do casal são tanto mais graves, quando existe uma aliança perversa entre sogras e genros ou noras. Quando a sogra se alia ao genro porque não teve um filho homem e passa a colocá-lo no lugar do filho que não teve, ignorando a filha, o casal quase sempre se desfaz porque a filha não aguenta competir com a mãe.

Mulher, 30 anos, casada há seis anos.
"Sabe o que a minha mãe me disse? Ele é que devia ser meu filho, é muito melhor que tu. Tu, não gostas de mim e tratás-me mal. Sabe o que é tratar mal para ela? É não querer viver sob a autoridade dela. É querer viver a minha vida com o meu marido, se ele quisesse, porque ele não quer. Ele todos os dias vai a casa dos meus pais fazer queixas minhas. É um homem sem iniciativa, dependente e com um funcionamento como o da minha mãe, sempre preocupados com os outros e com o que os outros pensam. São pequeninos de pensamento. Isso não é para mim. Quero viver e ele quer que eu viva como ele. Não sou capaz. Morria."

Capítulo 8

ELE É UM SEDUTOR IRRESISTIVEL

Quem não ouviu já falar no mítico Don Juan, aquele jovem conquistador que vagueava pelas ruas de Sevilha em busca de mulheres para as seduzir e depois abandonava-as?

Segundo Freud, esta atitude deve-se à necessidade de estímulos novos, que iriam iludir uma possível impotência. Não sabemos se as motivações do mítico Don Juan são realmente verdade, mas o que se observa na clinica, com os casos que aparecem, é que essas pessoas, possuem uma fragilidade narcísica enorme e precisam constantemente de confirmar a sua validade perante as mulheres. São os sedutores natos, aqueles que arrazam corações e se mantêm indiferentes ao que despertam nas mulheres.

Tambem existe o Don Juanismo de saias, ou seja, uma versão feminina, que seduz e depois abandona.

Há quem diga que D. Juan é alguém que está sempre em busca da própria mãe, sem nunca a encontrar. Ou a encontra noutra mulher, mas esta deixa de representar a figura de mãe no momento em que se consuma o acto sexual e passa à conquista seguinte.

O meu ponto de vista sobre o mito do Don Juanismo baseia-se nesta última citação, Don Juan um jovem a quem o carinho e afecto materno tinham sido negados, ou por rejeição da mesma ou simplesmente por falta de tempo para esse mesmo apoio emocional, cresce com uma carência afectiva descomunal e com um ego reivindicador, só tem direitos, só recebe amor, não dá. Don Juan busca assim vingar-se em todas as mulheres do que a sua mãe lhe fizera, dando-lhes o carinho, amor e afecto que nunca teve e quando consegue o objectivo de que estas caiam de amor por ele, abandona-as. Mas, a maioria das vezes usa-a em seu belo prazer para a sua satisfação sexual, contudo sem deixar que a mulher obtenha prazer emocional nesse acto. Não se entrega e, ao não se entregar, leva a parceira a esforçar-se cada vez mais para lhe agradar, sem nunca o conseguir, até se sentir esgotada afectivamente.

Existem estudiosos do tema, que afirmam ainda, que o compromisso de Don Juan, não era com o amor das mulheres, mas com o amor em si, e que a técnica da sedução de facto era excitante para ele de modo a suplantar a sua impotência. Caso, fosse mesmo impotente, seria vergonhoso para um homem tão sedutor e conquistador, esse segredo ser descoberto por uma mulher, logo, seria desejável conquistar e partir sem passar ao acto sexual.

Mas, apesar das suposições numa tentativa de explicar o mito do Don Juanismo, este jovem tem um factor inato, uma sina igual à de qualquer homem, o de encontrar uma mulher que o "tire do sério", que por mais que ele utilize as suas técnicas será difícil ela cair, uma mulher companheira que oiça as suas histórias e não o condene pelos seus actos sedutores, é a mulher ideal para Don Juan, aquela que lhe dará o suporte em que "no matter what" ela vai lá estar para o apoiar no bem e no mal. E, essa mulher pela substituição da figura materna conquista o coração desse jovem com uma obsessão pela sedução. No entanto, convêm ter presente que uma relação desse género será sempre um inferno na terra, para uma mulher que resolva intentar nessa tarefa quase impossível.

O Don Juan descrito no presente tem um fundamento importante, não falo só de Don Juan, O Burlador de Sevilha, mas de tantos outros —nos dias de hoje - que vagueiam pelas ruas à procura de mulheres. O padrão eleito são geralmente, mulheres com baixa auto estima, uma má auto imagem de si, carentes de afecto, presas fáceis, em que as técnicas de sedução passam por elogios de beleza e técnicas de cavalheirismo, tão apreciadas pelas mulheres de tanto serem incrementadas no cinema e na literatura romântica.

As vítimas que sempre se sentiram mal-amadas, rejeitadas e depreciativas em relação a si próprias acabam por cair na armadilha com todo um esquema montado, através de um plano bem estudado e infalível.

Quanto maior a imagem depreciativa da mulher em relação a si mesma e a sua carência de afecto, maior é o seu envolvimento, que acaba por se tornar uma dependência face ao Don Juan que se pode chamar Bruno, António, Luís ou Valdiceu, os Don Juans escondem-se atrás de figuras públicas, homens de gravata bem vestidos, políticos, médicos, empresários quer no masculino, quer no feminino, embora a predominância seja masculina.

Numa fase inicial é ele que as procura, mas quando mais entram num ciclo vicioso da sedução, são elas que o começam a procurar. Chegada a esta fase, esta na altura de Don Juan largar as presas, pois já atingiu o seu objectivo de as seduzir, de provocar nelas um interesse desmesurado pela sua pessoa, interesse esse que sua mãe nunca tivera em si, segundo a interpretação psicanalítica. Cada vítima é como uma pincelada de vingança, num mural que nunca ficara preenchido. Insaciável, Don Juan continua a procurar as suas vítimas por toda a parte. Tudo isto é feito sem que o homem/mulher tenha consciência de que aje dessa forma. Quando começa a ter consciência passamos para um patamar mais perigoso: o da psicopatia. Essa psicopatia não é aquela que conhecmos dos filmes de terror, ou das parangonas dos jornais do crime, é uma psicopatia do quotidiano de homens e mulheres que não matam, mas agem no intuito de predudicar, humilhar, denegrir o parceiro, até não lhe restar nem uma centelha de amor próprio.

O narcisismo patológico e a psicopatia do quotidiano, são tipos de personalidade que surgem cada vez mais devido à falta de atenção de cuidados maternos, pois as mães cada vez menos se ocupam dos filhos, vivendo centradas nas suas carreiras e nas suas preocupações egoícas, deixando de parte, os cuidados maternos, no que concerne à afectividade, do simples carinho à audição do seu filho num momento difícil.

Por isso, não podemos culpar os Don Juan´s pelas suas conquistas, eles apenas buscam encontrar o afecto que nunca tiveram, e que dificilmente encontrarão. E, muito menos conseguirão dar, porque o afecto para eles é não mais, que o desprezo que receberam de suas mães ao longo de toda a sua vida. E, é esse tipo de afecto que sabem dar. Estamos a falar de casos de psicopatologia e não de homens normais, mas, atenção, não saia por aí a pensar que todos os homens que são cavalheiros e usam um pouco de sedução são parecidos com o mítico sevilhano do século XVIII ou portadores de uma personalidade doentia.

Depois de ler este texto já deve ter identificado pelo menos uma meia dúzia de indivíduos parecidos com o mítico Don Juan de Sevilha, o conquistador burlão. Mas pergunta você:

- E como é que eu aprendo a identificá-los? Como é que eu não me apaixono por um homem que só me diz coisas boas, me faz sentir uma rainha e me tenta seduzir a toda a hora?

Em primeiro lugar nem todos os homens que elogiam as mulheres e as fazem sentir únicas nos primeiros tempos de namoro, são necessariamente conquistadores narcísicos (que só gostam deles próprios) e doentes como essa figura descrita atrás. Mas, se encontrar alguém que a elogia muito, mas a seguir parece nem lá estar, desconfie. Eis alguns exemplos na voz de vítimas.

Mulher, 35 anos. Com uma relação de cinco anos terminada.

" Depois de umas curtas férias a dois, disse-me que arrumasse a roupa dele no meu armário. Fiquei extasiada. Ele amava-me. Um homem bonito como ele e bom de cama,

gostar de mim era algo que nunca imaginei ter. Passadas semanas começou a comparar-me com as outras mulheres que teve e, mais grave ainda, fazia questão de me contar como elas tinham sido más para ele. Tudo começou a fica enevoado à minha volta. Senti-me triste, sem força e adoeci. Fiquei deprimida. Era tão popular entre as minhas amigas...imagine que passados uns meses em que tudo fazia por ele e nada parecia suficiente, estava sempre a criticar-me. Nessa altura já consumia anti depressivos e sentia que ele me tinha sugado toda a energia. E tinha. Nunca ouve um elogio, uma entrega...nada. Um dia disse-me que eu possuía um carro novo, algo que ele gostava muito, o modelo que ele gostava. Como se eu e as coisas que tinha fossem troféus. Ao fim de dois meses de viver comigo já procurava outras mulheres e o culminar da situação foi ele ter um caso com uma amiga minha. Levei cinco anos a livrar-me dele porque eu fazia o papel de mãe e ele andava com as outras. Quando ele saiu da minha casa, saiu-me um peso de cima. Ganhei anos de vida."

Os sedutores narcísicos, quase sempre homens muito bonitos e bem-educados, forma como compensam a baixa auto-estima que possuem (sim, estes homens possuem uma auto- estima quase a zero) tentam demonstrar ao outro que são grandes homens e com grandes capacidades. Quase sempre bem-sucedidos profissionalmente são autênticos predadores sexuais e frequentadores de casas de prostituição de luxo. Nunca estão satisfeitos.

Mulher, 30 anos. Casada há três.
" Ele tira-me do sério. Não o entendo. Parece uma criança, mas quem o ouve acha que o senhor doutor é um grande homem. Quando eu penso que me estou a entregar a este casamento ele parece fugir. E depois há um lado dele meio estranho. Não percebo porque é que ele vê tanta pornografia. Eu faço-lhe tudo o que ele gosta, na cama, percebe, mas dou com ele a ver pornografia sozinho. Diz

que tem necessidades. O pior que eu sinto é que ele parece frio, distante e deixa-me sempre com uma sensação de vazio. Acho que ele me suga as energias todas. Dou comigo exausta depois de meia hora com ele. "

Sempre que consiga identificar aspectos de Don Juanismo num homem, por mais bem-parecido e simpático que ele seja, fuja, pois em pouco tempo tem a sua auto-estima destruída e vai estar no fundo do poço. Homens deste tipo não têm amor por ninguém. Se, pelo contrário, acha que não consegue afastar-se, saiba que a sua vida com ele vai ser um inferno e que a palavra AMOR, assume outros signicados menos bons.

Capítulo 9

ELA É UMA SEDUTORA

O Don Juanismo no feminino também existe, como referido atrás e não é invulgar encontrar uma mulher que passa a vida a seduzir os homens e não fica com nenhum. São aquelas mulheres muito bem vestidas (autênticas montras de moda) e com um aspecto jovem, lindas quase sempre e que deixam os homens com torcicolo de tanto virar o pescoço e loucos por elas. Mas, à mínima abordagem mais séria parecem enguias escorregadias. Fogem e deixam o homem de mãos a abanar com a sensação de serem uns incompetentes no que toca a mulheres. Seduzem todos e não querem nenhum. São mulheres que tiveram pouco afecto materno e pouca atenção também. Aprenderam a "dança da sedução", a dança para obter atenção da mãe e, repetem-na pela vida fora confundindo os homens. Quando os homens vêem uma mulher deste tipo pensam que ela se interessa por ele e que as suas manifestações têm um carisma sexual. Na realidade não têm. São as chamadas histéricas, tal como Freud as descreveu, mas ao invés do que ele pensava, não era falta de afecto paterno, mas sim materno.

Mulher de 32 anos. Divorciada há três.
" Eu e o X somos muito amigos agora. Não funcionávamos como marido e mulher. O melhor que ficou foi a minha filha (...). Olhe, imagine que o meu chefe me chamou para me dar trabalho. Não percebo o que é que um homem na posição dele vê em mim...disse-me que eu era linda e que já tinha percebido os meus olhares. Eu!? O homem é louco. Nunca olhei para ele (...), sabe que ontem à noite depois do ginásio o Y ainda me telefonou. Queria estar comigo. Era o que faltava, ele que vá para a mulher.

E depois diz que eu lhe faço a vida num inferno. Eu? Nem percebo porquê. E nem de propósito, passados minutos ia a chegar a casa e lá estava aquele homem dentro do carro a passar. Um carro de luxo, mas o homem é nojento. Está a ver. Não sei que tenho que os homens perseguem-me sem que eu faça nada. Ou acha que a culpa é minha? "

Quer ser amado? Apreciado e partilhar uma vida conjugal saudável? Então não estabeleça uma ligação com uma mulher deste tipo. A sua vida vai ser uma roda-viva com imensos homens de volta dela e a única coisa que pode crescer numa relação deste tipo é a sua frustração por não conseguir ser correspondido.

Capítulo 10

ESCOLHO SEMPRE O MESMO TIPO DE PESSOA. PORQUÊ?

Os estudos feitos por Sigmund Freud há cem anos concluíram que o estilo de relação que os pais têm transmitem aos filhos e condiciona as escolhas destes na vida futura, para o bem e para o mal. Se o pai ou mãe ou ambos exercem um poder desmedido sobre os filhos sob a forma de violência física e verbal, são castradores, humilham e desvalorizam, mais tarde, na adolescência as escolhas vão quase sempre recair em parceiros semelhantes aos pais. Feita uma escolha desse tipo, sempre de forma inconsciente – a pessoa não se apercebe que está a escolher um parceiro maltratante – e estão criadas as condições para que mais tarde seja vitima de violência.

Nem sempre esta fórmula da repetição do vinculo relacional funciona, ou seja, cada caso é um caso e, muitas são as pessoas que conseguem escapar de escolhas idênticas ao estilo relacional da infância, escolhendo parceiros saudáveis mentalmente e até amorosos. Mas, se a infância foi complicada na relação parental, a probabilidade de escolher companheiros (as) beligerantes é maior.

Porque é que isto acontece?

Porque o ser humano tem tendência a repetir o estilo relacional conhecido – o modelo que adquiriu dos pais – e perpétua-o pela vida fora. Significa que pode ter vários parceiros (as) ao longo da vida, mas vai sempre escolher pessoas parecidas. Não é invulgar ouvir alguém dizer que a pessoa X, vizinha, amiga ou familiar tem azar com os homens ou mulheres pois só escolhe bêbados, larápios ect. Não se trata de azar, trata-se de escolhas, a personalidade depressiva/masoquista que a pessoa construiu na relação com os pais ao longo da infância e da adolescência criaram-lhe uma "espécie de lentes" que só lhe permite ver e apreciar pessoas daquele tipo: violentas se teve uma infância com violência, amorosas se teve uma infância recheada de afecto e amor.

Portanto, as escolhas são fruto do modelo relacional que a pessoa tem impresso na sua mente, da leitura que faz desse modelo e não da má sorte ou destino. O destino é a própria pessoa que o faz a partir do momento que tem consciência de si, o resto são escolhas de acordo com as vivências, ou a falta de orientação parental durante a infância.

Mulher, 29 anos com vários relacionamentos falhados.
" Não sei o que se passa comigo que só escolho trastes. Aliás, sei. Vi o meu pai durante anos a desrespeitar a minha mãe com outras mulheres até que finalmente lhe bateu. E ela aceitou tudo durante anos, criando cinco filhos sozinha, até que deu o grito de libertação e divorciou-se. E comigo tem sido a mesma coisa, o X foi a minha experiência mais horrível, mas se pensar em todos os que namorei antes eram iguais, com algumas nuances diferentes. De forma que há dias conheci um homem mais velho com quem simpatizei muito e, vou ficar atenta. Ao mínimo sinal não avanço mais, quero alguém que goste de mim e não me trate mal. Pode ser uma busca em vão, mas não quero ser maltratada."

Quem não teve ou não sentiu amor enquanto filho, percorre anos da sua vida em busca dele e, a forma que os seres humanos têm de o conseguir é através das relações adultas. Ora esta busca do amor paterno e materno na relação conjugal é infrutífera, raramente a pessoa encontra o que procura. O mais comum é a pessoa queixar-se – enquanto a relação durar - que o parceiro não lhe dá atenção, não o ama o suficiente e é um incompreendido (a).

Também as escolhas feitas à luz do modelo materno conduz a desilusões quando o que a pessoa procura é amor maternal e não amor conjugal, dois afectos distintos. A mulher que viveu num ambiente parco de afectos procura um pai cada vez que escolhe um parceiro e, para além do prazer sexual, procura cuidados que o parceiro pode não conseguir, ou não saber dar. O homem em iguais circunstâncias irá fazer o mesmo: escolher uma parceira que cuide dele como uma mãe. Se um dos membros do casal é mais saudável, talvez consigam um equilíbrio e com cedências e compreensão o parceiro ou parceira mais carente, consiga obter afecto do outro mais saudável. Mas, quando o parceiro carente não evolui emocionalmente e não se torna mais autónomo, ou seja, deixe de precisar de tanta atenção, o outro membro do casal pode saturar-se, não aguentar e a relação acaba. Quando os dois membros do casal recém-formado são carentes, pouco maduros emocionalmente – imaturos mesmo- então a relação vai ser uma luta de titãs para ver quando obtém mais afecto do outro, sem nunca o conseguir. Quem não teve afecto na infância não tem nada para dar mais tarde, quer na relação conjugal quer na relação com os filhos. Mas ainda assim, há quem tenha passado por tudo isso e seja resiliente e maduro para contrariar a compulsão à repetição (repetir o estilo de relação da infância) e consiga ter relações adultas saudáveis. Mas a tendência é para repetir até que a pessoa consiga encontrar alguém saudável ou, pelo contrário, fique uma vida inteira a viver num autêntico inferno conjugal.

Homem, 58 anos, casado há 30.
"A minha mãe era vingativa, má mesmo, fazia de nós, filhos, criados, e passava o tempo a chamar-nos nomes e a fazer-se de vítima. O meu pai era alcoólico e o meu irmão sempre foi doente. Esquizofrenia sabe. Nem a minha mãe nem o meu pai quiseram saber dele. Hoje sei que se fosse tratado a tempo não tinha morrido. Cuidei sempre deles,

dos três e, quando casei aos vinte e seis anos, continuei a fazer o mesmo. Todos os dias ia ver como estavam. Não suportava o sofrimento do meu irmão e a forma doida como os meus pais o tratavam. Morreu quando eu tinha trinta anos. Suicidou-se. A minha mulher detestava os meus pais e, pouco tempo depois de nos casarmos começou a entrar em conflito com eles. Eu compreendo, eles eram loucos. Mas agora eles já morreram todos e ela continua igual. Depois de nascer a minha filha mais nova, tinha ela trinta anos, nunca mais me deixou tocar-lhe. Há dezoito anos que não temos sexo. Porque é que eu aguento isto? Não sei. Talvez por medo de estar sozinho. Ela não quer tratar-se nem fazer terapia de casal. Se eu a tivesse deixado tinha encontrado de certeza uma mulher que me amasse. E quando eu olho para outra mulher, ela faz autênticas peixeiradas na rua. Tenho vergonha e ódio e até as minhas filhas me dizem para seguir com a vida. Não tenho mulher desde os meus trinta anos. Sou um desgraçado.“

Capítulo 11

QUANDO HÁ PATOLOGIA MENTAL NUM DOS MEMBROS DO CASAL OU NOS DOIS.

Quando falo de patologia refiro-me às perversões. O termo perversão é polémico e controverso, porque além da conceituação clássica de que se refere a um transtorno que desvia os fins da sexualidade normal, também implica, na actualidade, questões morais, éticas, ideológicas e jurídicas. Assim, de acordo com e etimologia a palavra perversão deriva de *per+vertere*, que quer dizer pôr às avessas, desviar, desvirtuar. O vocábulo designa o acto de o sujeito perturbar o estado natural das coisas de modo que a sua conduta, oposta à normal, desafia as leis habituais, consciente de que, com os seus actos, ultraja os seus pares e a ordem social na qual ele está inserido.

O conceito de perversão nos dias de hoje, para muitos autores, foi estendido, dentro da psicanálise, para uma abrangência que inclui outros desvios que não unicamente os sexuais, como seriam o caso das perversões morais (como o caso dos chulos ou proxenetas que ganham dinheiro por intermédio de casos amorosos) c a perversão social, muito próxima da psicopatia. Para o efeito vamos considerar apenas as sexuais. Importa distinguir entre a perversão e a perversidade. A primeira diz respeito a uma estrutura interna que se organiza contra angústias depressivas, persecutórias e especialmente de desamparo, enquanto a outra a perversidade, tem caracter de crueldade e de malignidade. Sem entrar muito em detalhes, vamos falar um pouco de vínculos perversos. O vínculo (ou laço pelo qual as pessoas se unem) de perversão somente se realiza quando o manifesto perverso se encontra e se completa com uma, ou um "partenaire", por dissimulado ou oculto que esse pareça ser. Assim, muitas pessoas exercem o papel de servir como simples cenário de palco, no qual o outro representa eternamente o seu drama, e vice-versa. É o caso dos pares sadomasoquistas. Quando um está na posição de sádico, o outro está na de masoquista. Muitos casais que vivem a brigar durante anos e não se separam estão unidos por vínculos sado masoquistas e o que os mantêm unidos é poderem alternar entre eles o domínio sobre o outro. Isto causa dano ou é patologia? Sim é patologia, mas se o casal tiver noção da sua forma de funcionamento e souber gerir esse sadomasoquismo (o sado masoquismo têm a ver com poder, não com infligir dor) pois não há problema. O problema surge quando um dos elementos age a perversidade sobre o outro e causa dano físico e psicológico. Quem não conhece, ou ouviu falar no livro "As Cinquenta sombras de Grey"? Grey era um jovem que agia a sua perversidade sobre Anastácia Steele, dominando-a e causando-lhe dor. Associado à patologia perversa desta personagem está também uma forte patologia de caractér.

Outro exemplo de organização perversa dos casais é quando um usa o outro para atingir os seus fins. Por exemplo, quando um membro do casal têm uma homossexualidade latente, não agida, e não consegue assumir para si próprio (ou não tem consciência) e arranja forma de ter convivência com homens através da sua esposa. O mesmo se aplica às mulheres.

E como é que fazem isso, perguntam vocês?

Bom, estes processos são inconscientes, as pessoas não têm consciência do que os move e, a não ser que façam uma psicoterapia e durante o processo cheguem a essa conclusão. Vou dar dois exemplos práticos de como a homossexualidade pode estar escondida num acto que aparentemente podem ser ciúmes.

Homem, 42 anos, casado há vinte.
" Ela já me traiu várias vezes e, a última vez fez

questão de me dizer que tinha acabado de o fazer. Quando ela chegou a casa, fui verificar se era verdade, podia ela estar a enganar-me e era verdade; e era, ela tinha cheiro de sémen de outro homem(...) o indivíduo que andava com a minha mulher parecia que nos perseguia, se íamos ao restaurante passava por nós de carro várias vezes, se íamos ao supermercado lá estava ele. Estacionava o carro no parque em frente à nossa casa e ficava lá horas. Eu vou buscar os binóculos e fico a vê-lo e depois ela zanga-se comigo porque eu vigio-o. Sabe o que é que ela me disse uma vez? Que eu é que estou interessado no homem."

Esta mulher do caso acima, tinha um mandado insconciente para arranjar homens com que o marido se pudesse relacionar através dela. O facto de ele ir verificar se ela tinha relações com os outros homens demonstra bem a homossexualidade latente.

Mulher, 35 anos, casada há dez.
" O meu marido é um mulherengo, só não o deixo porque gosto dele, e ele escolhe-me sempre a mim no final, para além de me contar tudo o que faz com elas. Sempre fiz questão de saber como é que elas eram na cama e o que é que el fazia com elas. E, a última amante dele, fui procurá-la, queria falar com ela e ver como é que ela era. Até foi uma conversa engraçada. "

☐ Um exemplo no feminino de homossexualidade feminina. Tolerava os casos do marido, sabia pormenores da relação, e depois, mais tarde procurava-as para as conhecer.

Capítulo 12

O QUE UNE OS APAIXONADOS?

Desde que nasce que o bebé vai criando sentimentos de identidade e construindo o seu processo de identificação e, o conjunto destes processos e outros que não cabe aqui falar, são os *tijolos* da personalidade humana. Mas, subjacente a todos os processos de crescimento mental estão " Vínculos" que agregam as pessoas em torno uns dos outros em relações mais ou menos complexas mas que são a base de todo o tipo de relações: conjugais, parentais, filiais, familiares e de amizade. Não cabem aqui as relações profissionais.

O primeiro vinculo que se estabelece é com a mãe – uma vinculação precoce – desde a vida intra uterina até ao nascimento e, essa vinculação vai estabelecer a base de outras vinculações na vida futura.

O termo "vínculo" têm a sua origem no étimo latino *vinculum* que significa atadura, ou união duradoura.

Podemos definir vínculo como sendo uma estrutura relacional-emocional, entre duas ou mais pessoas.

Existem quatro vínculos que estão em permanente interacção, formando distintas configurações vinculares e que vamos apresentar a seguir.

São estes quatro vínculos que ligam os casais na relação amorosa.

VÍNCULO DO AMOR

É um dos mais importantes vínculos que, quando vivido de uma maneira sadia é importantíssimo para o desenvolvimento humano. Digo maneira sadia porque o vinculo do amor pode ser vivido sob outras formas, disfarçadas de amor. Assim, entende-se por uma relação vincular de amor, um afecto saudável, que proporciona crescimento mental e liberdade de escolha ao sujeito. O vínculo do amor pode assumir configurações próximas do ódio, quando a relação é mascarada de amor. O que realmente importa é a maneira como as diferentes formas de amar e ser amado se configuram dentro da pessoa, sempre levando em conta que os vínculos interpessoais reproduzem os intrapessoais. Quando alguém diz que "ama" outra pessoa é necessário descriminar ou compreender qual a sua forma de amar e de ser amado.

Trata-se de um amor "sadio" no qual prevalece uma ternura e uma atracção com reciproco respeito e consideração? Ou o único laço entre o casal é o erótico? Ou o vínculo é de "amor platónico", com muito carinho porém sem vida sexual? Ou o vínculo é o de amor paixão, com um lado predominantemente belo, como sendo o prelúdio de um amor saudável, ou a predominância do lado cego e burro de muitas paixões?

Por outro lado é possível que prevaleça o "companheirismo" fraterno, com tédio ou com alegria e nalguns ainda com a alternância de pez e guerra.

Também é possível que o amor se configure de uma forma sufocante, tirânica e de controlo obsessivo com o outro, marcado pela presença paranóide de um ciúme delirante. Mas, esse assunto vai ser tratado no próximo capítulo.

VÍNCULO DO ÓDIO

O mesmo que foi dito em relação ao amor também vale para o vínculo baseado no sentimento de agressividade, o qual ora adquire um carácter destrutivo, como também pode estar ao serviço da vida e construtividade. A agressividade até certo ponto é normativa (é normal e desejável), mas quando assume uma configuração patológica pode, o "agredir" de forma saudável (zangar-se, dizer não, defender-se de agressões externas) passar a uma agressão destrutiva, desestruturante, podendo atingir os graus máximos de violência e crueldade.

Tal como o vínculo do amor, o vínculo do ódio pode estar mascarado com outras condutas, como por exemplo de "hipocrisia", pelo qual a pessoa está tendo uma atitude manifestamente amorosa por alguém, a um mesmo tempo em que existe um ódio latente. Muito mais haveria a dizer sobre estes dois vínculos, creio no entanto ser suficiente esta explicação para que o leitor entenda o assunto.

O VINCULO DO CONHECIMENTO

O vínculo do conhecimento é aquele que une os pensamentos e as emoções, com a função vinculadora de dar sentido e significado às experiências emocionais. A função do conhecimento complica-se desde os primórdios da vida porque a criança vive num estado mental no qual está inundada de paradoxos; ama objectos proibidos, odeia objectos amados, tem uma absoluta dependência dos outros, mas odeia e sente inveja de quem a ajuda, necessita de amparo e ajuda, porém desafia com ódio a colocação de limites por parte dos pais com os respectivos mandatos e proibições.

À medida que não quer conhecer aquilo que o angústia, o ser humano vai criando e desenvolvendo estruturas psíquicas falsas e mentirosas, diante da alternativa que escolheu de evadir, ao invés de enfrentar. É o que acontece muitas vezes a pessoas que têm relações desastrosas, maltratantes mas se recusam a ver, arranjando sempre desculpas para o comportamento agressivo do outro.

VÍNCULO DO RECONHECIMENTO

O reconhecimento (de si próprio, de factos e sentimentos que no passado de alguma forma contribuíram para ser quem é, com consciência); o reconhecimento do outro, como alguém que tem direito a uma autonomia; do outro, separado de si; ser reconhecido ao outro como expressão de gratidão; ser reconhecido pelo outro, como pessoa com valor e combativa, que luta pelos seus ideais. O vínculo do reconhecimento é fundamental para o crescimento saudável do ser humano. Todos querem ser reconhecidos ao longo da vida. A criança quer ser reconhecida pelo pai e pela mãe como autónoma e capaz de realizar tarefas com sucesso, a esposa quer ser reconhecida pelo marido como boa mãe, amante e cidadã activa (e vice-versa), o empregado quer ser reconhecido pelo patrão/chefe pelo seu desempenho, o marido quer ser reconhecido pela mulher enquanto provedor do sustento da família e bom amante, o amigo quer ser reconhecido pelo amigo pela dedicação, entre muitas situações que não cabem aqui. Quando o ser humano não se sente reconhecido adoece psicologicamente se já tiver uma estrutura psíquica frágil, mas, o que fortalece a estrutura de personalidade da pessoa (desde a infância), são os vínculos do amor e do reconhecimento.

Capítulo 13

DISFARCES DE AMOR

O VINCULO TANTALIZANTE

Como foi dito atrás os casais ligam-se por vínculos, resultantes de elos – emocionais e intelectuais – e, são os quatro vínculos (amor, ódio, conhecimento e reconhecimento) que estão sempre presentes, no quotidiano da pessoa e dos casais, que se influênciam entre si e que resultam no tipo de relação que o casal possui.

Neste capítulo vamos abordar a forma patológica do vínculo do amor, o vinculo tantalizante, que se caracteriza por uma predominância do domínio sobre o outro, posse do outro ou sedução do tipo tantalizante.

Passo a explicar este conceito que se aplica às vitimas de violência doméstica.

Na mitologia grega, Tântalo foi um rei da Frigia ou da Lídia, casado com Dione. Ele era filho de Zeus e da princesa Plota. Segundo outras versões, Tântalo era filho do Rei Tmolo da Lídia (deus associado à montanha de mesmo nome). Teve três filhos: Níobe, Dascilo e Pélope. Certa vez, ousando testar a omnisciência dos deuses, roubou os manjares divinos e serviu-lhes a carne do próprio filho Pélope num festim. Como castigo foi lançado ao Tártaro, onde, num vale abundante em vegetação e água, foi sentenciado a não poder saciar sua fome e sede, visto que, ao aproximar-se da água esta escoava para longe da margem e ao erguer-se para colher os frutos das árvores, os ramos moviam-se para longe de seu alcance sob força do vento. A expressão suplício de Tântalo refere-se ao sofrimento daquele que deseja algo aparentemente próximo, porém, inalcançável, a exemplo do ditado popular "Tão perto e, ainda assim, tão longe".

O vínculo tantalizante está associado ás vítimas de violência doméstica, uma vez que é o tipo de vinculação que estes homens e mulheres vitímas conhecem melhor e pelo qual estabelecem relações. Esta forma de amor patológico, é um amor de domínio, poder e sedução do elemento do casal que tantaliza o outro, finge que lhe dá amor e deixa-o morrer à fome de amor. Este tipo de ligação amorosa faz que homens e mulheres estejam envolvidos numa ligação amorosa de um sofrimento crónico em que " não atam nem desatam" num ciclo sem saída aparente. É mais comum existirem mulheres nesta situação do que homens, contudo as queixas junto das entidadade competentes já referenciam umas centenas de queixas anualmente. Os homens perderam a vergonha de denunciarem as companheiras que os maltratam. Voltando ao sexo feminino, estas mulheres, vitimas de violência doméstica crêem que os seus companheiros finalmente lhe vão dar amor, e, eles não só não dão, como as castigam pela falta desse amor. Ora vejamos um caso.

Mulher, 35 anos, casada durante dez.
"Chegava com um ramo de flores, dáva-me um beijo, eu tinha que correr e pendurar-me no pescoço dele e agradecer-lhe, a dizer-lhe como era maravilhoso. Sussurrava-me ao ouvido que íamos fazer amor de seguida, mas antes fazia uma ronda pela casa. Um dia encontrou pó na secretária dele, eu esqueci-me de limpar, sabe o que fez? Obrigou-se a lamber a secretária e bateu-me. Era sempre assim, prometia amor e eu acreditava. Quando ele fazia amor comigo era maravilhoso, mas depois virava um monstro. A primeira vez que me bateu foi numa viagem de fizemos ao Egitpo. Na portaria do hotel

um homem olhou para mim - dizia ele pois eu não vi - empurrou-me para o chão e jogou-se a dar-me pontapés. Como o egipto é um país muçulmano ninguém me defendeu. Depois, mais tarde, disse que perdeu a cabeça, amava-me muito e não me queria perder para outro homem. Perdoei. Perdoei tantas vezes que lhe perdi a conta. Culpava-me a mim. Dizia que não me dava mais amor porque a culpa era minha, era eu que me portava mal. A gota de água foi quando o nosso filho de seis meses apareceu com um nódoa negra com o forma da mão dele, na nadega. Ele é perigoso. Deixei-o mas estou sempre a temer pela vida, no entanto, tenho vergonha de dizer isto, mas não existe ninguém como ele. Quando me mimava eu sentia-me única. "

A mulher gravita em torno de uma relação com um homem " a quem ama acima de tudo" enquanto ele mantêm e renova as esperanças dela, porem por razões diferentes diz quase sempre que é impedido de realizar as promessas de estabilidade e de amor para com ela. São os homens que maltratam fisicamente, mas nem sempre o fazem. Muitas vezes saltitam por outras relações, dão a conhecê-las á esposa ou namorada, e acusam-na de o terem feito por ela não o saber compreender. Aos poucos esta situação vai-se tornando crónica, a mulher é excluída, assume o papel de "eterna reserva" que de vez em quando entra em campo para jogar um curto período de tempo enquanto não aparece outra. Com a outra vai assumindo todo do tipo de desculpas, não consegue prender-se a ninguém, ia deixar a mulher mas ela tentou matar-se, ela merece melhor, pede para ter paciência que um dia fica com ela. Tudo isto é grave, mas torna-se perigoso do ponto de vista físico, quando é acompanhado de maus-tratos físicos, como no caso descrito acima. Quando não é acompanhado de maus tratos físicos torna-se um suplício para quem vive com pessoas com esta organização de carácter. Referimo-nos aos perversos narcísicos dos quais falamos nos capítulos atrás.

Ninguém consegue entender como é que mulheres jovens, bonitas e inteligentes se deixam dominar - porque se trata de domínio- por homens que só amam de forma tão distorcida. Este tipo de mulheres têm uma fragilidade egóica enorme, uma necessidade grande de afecto e a falsa crença de que elas são as culpadas de não serem amadas pelo homem escolhido. Os argumentos usados por estes homens são os seguintes: se lhe batem é porque gostam delas, se arranjam outra é porque elas não o souberam amar, ou seja, são elas as únicas responsáveis pela violência que se gera no seio do casal. Desta forma se perpétua um vínculo patológico de amor até que um dia possa ser interrompido, quase sempre quando o membro vitimado resolve fazer uma psicoterapia.

O domínio e o apoderamento da mulher por parte do homem, é algo secular na nossa cultura, ajudando a manter relações deste tipo porque as mulheres raramente procuram ajuda, por ser algo aceite socialmente, apesar de estarmos a mais de uma década para além do século XXI.

Trata-se de homens e mulheres (embora a frequência seja maior nos homens) com organizações da personalidade de alguma perversidade, que foram submetidos a uma educação onde o vínculo tantalizante estava presente. Mais tarde, repetem nas relações adultas o papel que desempenharam na infância.

Estas relações do tipo tantalizante são sempre pautadas por afastamentos e reaproximações em que o domínio e o poder são exercidos de forma psicológica, e física muitas vezes, acreditando estas mulheres serem amadas desta forma tão doente.

Isto caracteriza de alguma forma o suplício imposto a tântalo, um processo de dar (ás custas de muito choro, promessas e obediência total, etc) e tirar, acrescido de um apoderamento e de uma abolição do desejo do outro. Importa destacar que filhos educados nesta atmosfera emocional, tornam-se fortes candidatos a identificarem-se com o agressor (por exemplo o pai), e com a vítima (por exemplo a mãe), ou com ela própria, criança, vítima de suplícios, assim reproduzindo na vida adulta relações amorosas com configurações análogas ao do modelo que os pais tiveram entre si e com ela, a criança.

Tantalizar significa: aquele que tantaliza, isto é, que espicaça ou atormenta com alguma coisa que, apresentada à vista, excite o desejo de possui-la, frustrando-se este desejo continuamente por se manter o objecto fora do alcance, à maneira do suplício de Tântalo.

Capítulo 14

CIÚMES, LOUCURA E MORTE
...a amarga pestilência dos ciúmes...
Miguel de Cervantes, La Gitanilla

De um modo geral considera-se que os ciúmes se encontram em estreita correlação com o amor de um sujeito a um objecto (o objecto amado em termos gerais; em concreto, a pessoa amada que, neste contexto, é objecto de ciúmes). Dizendo-o metaforicamente , é frequente - ou melhor, tem sido frequente - quantificar o amor pela pessoa amada mediante a intensidade dos seus ciúmes, chegando-se ao ponto de muitas vezes se duvidar do amor de alguém que diz estar enamorado e não sente ciúmes em relação ao objecto do seu amor (Amor sem ciume, não é amor, Léautaud); ou de outra forma, "provocando-se ciúmes" ao enamorado para incrementar o seu desejo do objecto amado e que se consideram equiparáveis à intensidade do amor.

Esta "teoria" dos ciúmes é partilhada por quantos se sentem ou julgam sentir amados pelo sujeito ciumento: é-lhes gratificante, nesses momentos, transformarem-se em dominadores da situação e manipulam o ciúmento com o seu galanteio. Além disso, é vulgar que usem de algum tipo de chantagem e sem o expressar se façam "comprar" por ele colocando o seu preço cada vez mais alto. Não há dúvidas que algumas pessoas adoptam uma estratégia comportamental bastante eficaz para que surjam ciúmes no amante.

Por outro lado, muitas vezes e, na sua maioria, o objecto de desejo converte-se num autêntica vítima do ciúmento (numa relação que dura anos e que já não é inspirada pelo desejo e se tem constantemente ao lado) não sendo esses ciúmes inspirados pelo amor, mas sim por outro sentimento: o ódio.

O que inspira os ciúmes não é o amor mas sim o ódio, pois as vítimas dizem ter motivos suficientes para sentirem que o ciúmento não os ama, e que fora dos momentos de angústia suscitados pelos ciúmes sentem e demonstram uma verdadeira indiferença afectiva pelo outro. É esta a dinâmica dos ciúmes numa relação triádica uma vez que só se pode falar de ciúmes quando aparece um terceiro elemento, o rival que compete com o ciúmento pela propriedade da pessoa amada. Não raras vezes o ciúmento alucina essa relação, que faz parte da sua imaginação, conduzindo-se à loucura a si e ao outro, num delírio psicótico destrutivo.

A loucura é uma forma de existência. Como é o da prudência. Mas além disso, é um projecto de existência para o louco e a sua razão de viver, o que dá sentido à sua vida. Assim, só sabe existir desta forma, tentando encontrar em todos os gestos do outro motivo que justifique o seu ciúme e, quando o louco encontra motivos para a sua loucura tudo fica menos angustiante e a vida passa a ser mais suportável.

Não é concebível amar - desejar a posse total de alguém - sem a angústia que suscita a insegurança em relação à própria posse. E também a ulterior angústia de que esse objecto, que neste momento cremos possuído, porque declara amar-nos, possa perder-se posteriormente, quer porque deixe de amar-nos, quer, o que é pior, porque além disso nos possa ser subtraído por amor a um terceiro.

Toda a relação, desde a mais precoce (com quem nos concebeu ou criou) requer segurança, que como já tenho vindo a explicar, é a base da nossa personalidade. Somos mais ou menos seguros, conforme o que experimentamos ao longo dos nossos primeiros anos de vida. Se tivemos relações de segurança com as nossas figuras de referência então seremos adultos seguros. Se isso não aconteceu, poderão estar criadas as condições para mais tarde sobressair uma estrutura de personalidade insegura, ciúmenta e maltratante na relação com a pessoa amada nas relações adultas.

No entanto as nossas relações na vida social são quase sempre baseadas em graus de confiança mínima, mas que não apresentam níveis de desconfiança exacerbados. Podemos assim, mediante essa confiança mínima, realizar coisas e estabelecer relações sem que nos sintamos perseguidos ou ciumentos. Mas, o sujeito ciumento, apresenta graus de desconfiança que chegam a rondar a paranóia, quando pensa que perdeu a posse do objecto. Não é o pensar que não é amado que causa os ciúmes, mas sim a perda da posse do objecto, isso sim é elouquecedor, podendo em grau extremo, quando o ciumento alucina e passa para estados psicóticos, levar à morte do objecto e do sujeito num acto de loucura. Os crimes passionais têm por base uma estrutura de personalidade paranóide e psicótica onde a desconfiança, a incerteza e a insegurança crescem dia a dia, até à passagem ao acto: a morte do objecto (da pessoa) que deixa assim de pertencer ao outro.

Não há ciúmes normais. Os ciúmes são anómalos ainda que sejam frequentes e pouco intensos. Por mais frequentes que sejam nas relações interpessoais, especialmente os que se revestem em relação amorosa, são sempre reveladores de uma situação não superada pelo sujeito. Acima de tudo é uma situação crónica que vai subindo a gradação dos ciúmes, insuperáveis e incuráveis na sua maioria, por não serem considerados pela sociedade uma situação de doença. É uma doença. Não é só considerado doença a partir de um certo grau, aliás quem tem autoridade para falar disso são as vítimas que sabem quando já não suportam mais.

Amor, ciúmes, loucura e morte estão separados por muito pouco, coexistindo na vida de muitos casais de todas as orientações sexuais, tornando-a num inferno onde por vezes não é possível escapar, levando à morte lenta de vidas que ficam suspensas no delírio de alguém. Se é vítima ou portador de ciúmes incontroláveis procure ajuda, ainda pode estar a tempo de mudar a sua vida.

Capítulo 15

O NASCIMENTO DOS FILHOS

Quando um casal tem um filho, seja essa criança planeada ou surja de forma ocasional, uma nova família será constituída a partir desse nascimento, ou melhor, podemos dizer que desde a confirmação da gravidez surgem alterações na relação do casal. Mãe e pai deixam de ser apenas parceiros para passarem a ser pais. A mudança de papéis e funções alteram-se em consequência do nascimento desse primeiro filho.

Esta nova família nuclear que se forma, é produto de um casal que vem de famílias diferentes e que transporta consigo a genética, os valores e histórias das suas famílias de origem. Tudo isso é uma enorme influência na configuração da nova família. Cada membro do casal traz para a educação dessa criança tudo o que recolheu da sua própria vivência familiar e tanta aplicar à sua nova família o que aprendeu.

A primeira alteração que surge na dinâmica do casal está relacionada com o estado físico da mulher que a partir de alguns meses de gravidez pode condicionar (dependendo do estado de saúde da mulher), em situações anormais o relacionamento sexual do par. A frequência pode diminuir ou podem mesmo deixar de existir durante alguns meses. Se a relação afectiva entre os dois não for sólida e madura, poderá ser um abanão na relação do casal. Por vezes surgem as infidelidades e até poderá existir uma ruptura dessa relação. Um dos sinais de que essa relação poderá ser sentida como insegura por parte da mulher tem a ver com o aparecimento dos tão falados enjoos, que não são mais que manifestações somáticas da insegurança afectiva ou muitas vezes da rejeição inconsciente da gravidez por parte da futura mãe. Por vezes desaparecem, quando a vinda da criança é aceite ao nível inconsciente e a mãe se sente mais segura na relação com o marido, ou seja, não vai ser abandonada. Quanto mais insegura a mãe for, mais manifestações somáticas vai ter.

O nascimento do primeiro filho é uma fase de profunda transformação na vida do casal, criando novos papéis, principalmente o de mãe e de pai, o que, de alguma maneira irá ter repercussões na relação conjugal. Além disso, esta etapa do ciclo de vida familiar irá afectar toda a família ampliada, alterando papéis e exigindo uma reorganização de todo o sistema familiar.

Com o nascimento da criança a tensão aumenta no seio da família e entre o casal, é uma tensão dita normativa, e pode ser vivida com maior ou menor ansiedade, variando esse aspecto conforme foi vivido pelas gerações anteriores, ou seja, se o nascimento das crianças foi vivido com calma e serenidade na família dos progenitores decerto esse sentimento e essa vivência será perpetuada, se pelo contrário foi vivido com ansiedade então é provável que volte a acontecer, dificultando a adaptação da criança e dos pais a uma nova situação.

Muitos casais com problemas ao nível do relacionamento, idealizam o nascimento da criança como um momento mágico acreditando muitas vezes que ele irá resolver problemas conjugais e familiares. No entanto, embora isso possa acontecer, as investigações e as estatísticas dizem o contrário; os conflitos e os problemas agudizam-se, pois agora existe mais um membro que durante quase todo o tempo exige a atenção da mãe e do pai, deixando durante muito tempo pouco espaço para o casal. As mudanças na vida conjugal são tão abruptas que muitos casais não resistem a elas. Outros acreditam que com o nascimento vão ficar mais unidos e não aguentam a pressão e as mudanças na relação dos dois e acabam por se afastar devido a discórdias e discussões que podem levar mesmo à separação.

Alguns casais unem-se, de facto, assumindo o papel quase de missionários, pois muitas vezes esta criança vem cumprir uma função na família.

Estes são alguns aspectos da alteração da dinâmica familiar, no entanto existem outros, específicos de cada família, que não estão aqui mencionados.

A ansiedade desta fase é inevitável, e nem sempre é geradora de conflitos, no entanto é importante o casal tomar consciência das alterações que a sua vida irá sofrer. Frequentar grupos terapêuticos de aconselhamento (quando existam dúvidas e ansiedades) poderá ajudar os membros do casal a desmistificar e a elaborar medos e ansiedades decorrentes dessa nova mudança de papéis. Falar com outros casais que sejam pais há mais tempo, que tiveram uma relação saudável durante o nascimento e crescimento dos filhos também ajuda.

Por ultimo, importa realçar a importância das emoções. Uma visão da natureza que ignore o poder das emoções é tristemente míope. As emoções são impulsos para agir e enfrentar a vida. A raiz da palavra emoção vem do termo latino "motere" que significa mover, mais o prefixo "e" fica "mover para"- As investigações indicam que cada emoção prepara o corpo para um tipo de resposta muito diferente: com o ira, o sangue flui para as mãos, tornando mais fácil pegar numa arma ou bater num inimigo, a adrenalina gera uma onda de energia; com o medo, o sangue corre para os grandes músculos, empalidecendo a face; o bem estar activa zonas do cérebro que impedem os sentimentos negativos; o amor provoca excitação parassimpatica que gera um estado geral de calma e contentamento, facilitando a cooperação; a surpresa permite o alargamento do campo de visual, em virtude do arquear das sobrancelhas e a entrada de mais luz na retina; a repulsa gera uma resposta facial; a tristeza ajuda a adaptarmo-nos a uma perda significativa, como a morte de alguém querido ou, um grande desapontamento, causa uma grande quebra de energia e do entusiasmo pela vida, aproxima a depressão e a baixa do metabolismo do corpo.

Capítulo 16

ASSIMETRIAS NA COMUNICAÇÃO NO GÉNERO MASCULINO E NO FEMININO

A forma como homens e mulheres comunicam é diferente e, quase sempre motivo de incompreensões, amuos, brigas e até incompatibilidades irremediáveis surgem diariamente e são motivos de discórdia. As diferenças começam na forma de executar as tarefas mais simples. Enquanto os homens possuem um processo de *atenção concentrada*, só conseguem fazer uma tarefa de cada vez, as mulheres possuem uma *atenção dividida*, conseguindo, dessa forma, executar várias tarefas ao mesmo tempo. Podem estar a fazer o jantar, a pensar nas compras da casa, ou na escola dos filhos, ou até na vontade que têm de fazer amor com o marido, a lavar a loiça, a planear a reunião de amanhã, tudo isto em simultâneo, com destreza e sucesso. Estas diferenças, são motivos de brigas e discussões. A mulher acusa o homem de ser esquecido e lento, o homem acusa a mulher de ser demasiado exigente com ele. Na realidade trata-se apenas de processos fisiológicos que um e outro não conseguem ultrapassar, são próprios de cada género. Então, há que ter paciência com o seu parceiro(a). Uma colega de profissão, a propósito dos processos de atenção femininos e masculinos, e para ilustrar o tema, contou-nos que tinha um pedreiro a fazer pequenas reparações em casa e a certa altura disse-lhe para ele não se esquecer de duas coisas que também eram para reparar. A resposta dele foi «uma coisa de cada vez doutora», ela riu-se e respondeu-lhe «desculpe, esqueci-me que o senhor era homem».

Outro motivo de desentendimentos e problemas na comunicação está relacionado – mais uma vez- com as diferenças de processos fisiológicos e emocionais entre homens e mulheres. As mulheres erradamente esperam que os homens sintam, comuniquem e respondam da mesma forma que as mulheres o fazem, esquecem-se que são diferentes e os conflitos desnecessários aparecem. Brincando um pouco com a situação, deveria existir uma disciplina na escola que explicasse aos adolescentes estas diferenças. Talvez tivéssemos casais mais harmoniosos e felizes, por consequências filhos mais felizes e cidadãos mais capazes.

Continuando, nesta saga de realacionamento amoroso, os homens tendem a oferecer soluções às mulheres invalidando os seus sentimentos e, não pode haver mais nada que irrite tanto uma mulher do que sentir que o homem não valoriza os seus sentimentos. Sentem-se traídas e incompreendidas. Por outro lado as mulheres oferecem conselhos e orientações não solicitadas e os homens ficam possessos. Uma orientação de uma mulher é sentida como uma incapacidade da parte dele. Portanto, esposas e namoradas, amantes (seja lá o que for o vosso lugar na vida de um homem) não lhes ofereçam conselhos quando eles não os pedem. Deixem-nos "bater" com a cabeça à vontade até eles pedirem ajuda.

Os momentos de ansiedade, stress, são outro problema na relação do casal. Elas queixam-se que eles se fecham e eles queixam-se que elas saem por aí a falar com todas as amigas. O homem quando está stressado, afasta-se da mulher para pensar silenciosamente sobre o que o está a incomodar. A mulher, ao contrário, sente uma necessidade instintiva de conversar sobre aquilo que a incomoda e, se o parceiro não está com disponibilidade para a ouvir, ela procura as amigas e fala com todas.

Quando um homem sente que a companheira não precisa dele, perde a motivação para a relação. Quantas vezes já ouviu dizer a um homem « que seria de ti se não fosse eu?», pois é, faça sentir ao seu cara metade que precisa dele e vai ver a motivação dele a aumentar. Pelo contrário, se der uma de feminista e independente, ele afasta-se. Por outro lado, não se surpreenda se pedir ajuda ao seu marido para algo e ele lhe responder « já faço, ou já vou» e passada meia hora, ou um dia , ainda não fez o que você lhe pediu. Os homens resistem muito ao pedidos de ajuda das mulheres. É um paradoxo, do funcionamento masculino. Eles são mesmo assim e não vão mudar.

Outro conflito muito presente na relação do casal – e motivo de queixa em consulta de terapia de casal- é a dificuldade em a mulher ser carinhosa com o homem. Elas não se sentem motivadas quando eles não são carinhosos – e queixam-se – e eles resistem muito a dar afecto às mulheres. Afecto para uma mulher são abraços, beijos, carinho, para um homem representa apenas uma coisa: sexo. O homem dá afecto, amor, com sexo. Estas diferenças, quando não compreendidas pelo casal, são desastrosas para a relação, acabando quase sempre em conflitos.

As necessidades diferentes na intimidade, também relacionadas com a forma como um e outro dão e recebem o amor, minam a relação quando a mulher não tem tolerância com o homem. Quando um homem e uma mulher se envolvem numa relação sexual, no final, depois de atingido o orgasmo, o homem tende a virar-se para o lado e adormecer. A mulher quer falar, consolidar a relação, dizer quanto o ama e perceber o quanto é amada. A frustração que sente quando vê o homem a dormir é avassaladora.

Sente-se usada e pouco amada.

Nada disso. Homens e mulheres são diferentes na forma de dar amor. Não há volta a dar e, por mais que se tentem mudar um ao outro essas diferenças vão existir enquanto a humanidade existir.

Por outro lado, outra das queixas dos homens, é o movimento ondulatório com que as mulheres dão amor aos homens. As mulheres não conseguem dar amor num acto continuo, ora dão amor, ora se afastam um tempo.

Esta característica feminina é entendida como falta de interesse. É nestas alturas que homens mais inseguros e desconhecedores deste aspecto feminino, vai em busca de outra mulher, ou, começa a olhar com mais atenção para a colega que há tanto tempo demonstra interesse por ele. Enquanto um homem precisam de um tipo de amor confiante que aceite e que o aprecie enquanto macho, a mulher precisa de um tipo de amor que seja carinhoso que a entenda – este aspecto é muito importante – e a respeite.

Nas discussões, inevitáveis por mais saudável que seja a relação do casal, basta pensar em todas as diferenças que existem (fisiológicas, de comunicação e forma de demonstrar afecto) os homens agem sempre como se tivessem razão, podendo assim invalidar os sentimentos da mulher e, as mulheres passam sempre mensagens de desaprovação em vez de discordância, reforçando assim as defesas do homem.

A mulher consegue perceber discursos nas entrelinhas e facilmente entende o que o outro quer dizer mesmo que a mensagem não seja clara. O homem não. O homem só entende uma mensagem directa. Se você disser ao seu companheiro que o jardim está sujo e que o balde do lixo está cheio, ela não vai entender que você está a pedir que faça essas tarefas. Vai ignorá-la e você vai ficar furiosa, dizer-lhe que ele é descuidado, não ajuda e fica zangada. Depois fica surpreendida quando ele lhe diz que você não foi clara no que disse. E você diz que não podia ser mais, ele é que tem má vontade. Pois bem, eles não entendem as coisas da mesma forma. Quer ajuda do seu marido? Quer que ele colabore mais em casa? Seja directa.

- Amor, você despeja o lixo?

Passada meia hora peça-lhe de novo:

- Amor, você limpa o jardim?

Surpreenda-se. Ele vai fazer as coisas que você lhe pediu.

Capítulo 17

RELACÃO DE QUALIDADE

O estar com quem se ama e por quem se é amado, traz a felicidade e o bem estar interno, que reforçam os laços ou vínculos com o parceiro(a). Ao fim de algum tempo de relacionamento, em que prevaleceu o estado de paixão, há um certo desinvestimtno na relação – já foi aceite, não precisa conquistar – e a relação esmorece um pouco. A depressão ligeira e fugaz, aparece apenas como sinal para avisar da necessidade de retomar o enamoramento. É o circulo do amor, que leva à espiral da criação. Só o amor é criativo, podemos afirmar. O casal renova-se, passa do ciclo da paixão e fica o amor, um sentimento feito de entrega, partilha, reconhecimento e conhecimento (os vínculos fundamentais).

O amor duradoiro, para a vida, passa por vários estágios que podemos associar às estações do ano.

A primavera, quando o casal se apaixona, a pessoa sente-se feliz, e a relação é como se fosse para sempre. Tudo parece perfeito e parece funcionar sem esforço. O parceiro é perfeito, não podia ter escolhido melhor.

Homem, 27 anos, casado há três meses
" Tudo é perfeito, ela é perfeita, não é nenhuma sereia mas é bonita, e combinamos em tudo. Temos a mesma profissão, é minha colega, gosta de viajar e é muito romântica, como eu. É para a vida. "

Depois, passado algum tempo, vem o verão – uma paixão dura em média dois anos – a pessoa apercebe-se de que o parceiro não é tão perfeito como pensava. O parceiro(a) comete erros e a pessoa não se sente sempre feliz. Muitos casais desiludem-se nesta altura, culpam-se dos erros e querem regressar à fase da primavera e que esta dure para sempre. Surgem as recriminações, quando vêem os defeitos do parceiro(a) sentem-se engados e, se não ultrapassarem esta fase de "desilusão" o amor morre e a relação acaba. É a fase em que a relação é posta à prova, ou acaba, ou pelo contrário, consolida e fica para sempre.

Se pelo contrário, conseguem aceitar o outro com os defeitos e qualidades que ele tem, então a relação continua como resultado do trabalho de aceitação e compreensão pelas diferenças entre um e outro e o amor sobrevive, mais maduro, mais amor. É o momento de partilha e afecto. O casal está preparado para a vinda dos filhos e durante esta longa fase dedica-se a constuir o seu ninho com a companheira(o) e com os filhos.

São uma família.

Depois de muitos anos, os filhos cresceram, saíram de casa e chega o inverno do amor. É o momento em que as pessoas se recolhem, sublimam a sexualidade e investem noutras actividades, estão mais solitárias, mais introspectivas e com mais necessidade de cuidar delas próprias. É o momento em que o homem vai para a *caverna* pensar, recolhe-se, acha-se velho e sem atractivos, e a mulher fica no fundo do poço, acha que perdeu o interesse para o homem. É um momento de cura para os dois e depois regressa a primavera. O casal descobre de novo a sexualidade, sem entraves- porque a mulher já atingiu a menopausa- e a relação a dois recomeça sem a interferência dos filhos.

Manter um casamento é uma tarefa árdua, que requer amor, compreensão e muita tolerância. É uma tarefa para a vida. É como cuidar de uma planta. Mãos à obra e muito amor!

Capítulo 18

A MINHA RELAÇÃO VAI MAL. O QUE DEVO FAZER?

"Nosso amor é muito bonito, ela finge
que me ama e eu finjo que acredito"
Nelson Sargento autor da música "Falso amor sincero"

Brigas e discussões começam a assediar a relação do casal no dia a dia. Ele só liga aos amigos; recebe chamadas e mensagens e fica incomodado; ela de repente ficou fria e distante; será que existe outra pessoa, ele vem tarde para casa? Para ela o trabalho está sempre em primeiro lugar. A insatisfação surge, a relação arrefece, o convívio torna-se difícil. É por estes e outros motivos que os casais chegam muitas vezes à conclusão que se querem separar.

Voltando ao ditado"entre marido e mulher ninguém mete a colher", e remetendo para a terapia de casal, meter a colher de um forma terapêutica, poderá evitar que o casal chegue ao divórcio e um sofrimento maior seja evitado.

Mulher, 38 anos, casada há catorze
" Vim para a psicoterapia porque quero criar coragem para me separar. Não aguento mais. Ele tornou-se num bruto, insensível e estou farta. Já tive a minha dose de sofrimento ao longo da vida, mereço mais, não sinto nada por ele (...); se não tivéssemos ido para a terapia de casal já estávamos separados há muito, (...) curioso, como é que eu não vi que tinha um principe dentro de casa? Confesso que o X, fez tudo para me conquistar de novo, mas eu também baixei a guarda, eramos os dois a queixarmo-nos um do outro e nenhum fazia nada para mudar. Reconheço

que ele se preocupa muito comigo e, o outro fulano com quem eu quase me envolvi, é um traste. Meus Deus, estava cega!"

Muitos são os casais que procuram a terapia conjugal e grande parte das situações de conflito que chegam aos consultórios dos terapeutas, tem um final feliz, como no caso anterior. Outras nem por isso.

Quando o casal toma a decisão de procurar um terapeuta está a adiar a decisão e a procurar uma espécie de "arbitragem" que os faça pensar e reformular a vida do casal. Está à procura de resolver o conflito. Ainda têm esperança de conseguir um entendimento. O afecto ainda os une e, por mais complicada que seja a situação há sempre uma forma de resolver o conflito e muitas vezes a resolução é a separação amigável, tendo em consideração o bem estar dos filhos, porque deixam de ser um casal conjugal, mas, se existirem filhos continuam a ser um casal parental. Para bem dos filhos é conveniente que o casal consiga separar-se em harmonia e, para isso é necessário um terapeuta familiar e de casal.

A família de origem de cada um interfere muitas vezes na vida do casal recém formado. A obrigação de almoçar ou jantar religiosamente, na casa dos sogros, pode ser uma bênção ao inicio, mas depois de algum tempo as acusações surgem, isto para citar um exemplo de queixas de casais. As obrigatoriedades com as respectivas famílias de origem roubam tempo à vida de casal. "Não te separas da tua família! Os teus pais estão sempre em primeiro lugar!" Os modelos aprendidos na infância também se repetem muitas vezes originando conflitos mas ou menos graves, alguns, sem reversibilidade pelo tempo e gravidade das ofensas.

Com o passar do tempo e o azedar dos conflitos o casal deixa de comunicar, ninguém escuta ninguém. A raiva vem numa escalada simétrica, em que cada um não quer ficar em segundo plano nas acusações e nas ofensas, e a tolerância acaba. Algumas vezes, para ganhar um pouco de auto-estima, um dos membros ou ambos, deixam entrar nas suas vidas outras pessoas (antigos namoros, colegas de trabalho...) levando a "traição" para a relação, ainda que muitas das situações não passem do plano platónico. Platónico ou não a dor surge. O conflito está ao rubro. Separar? Não separar? É aqui que surge a procura de ajuda quando o casal ainda tem algo que os prende um ao outro. A procura de ajuda terapêutica para resolver conflitos conjugais é a única solução quando a comunicação se quebra. O casal aprende a conhecer-se melhor enquanto casal, e a vida melhora em todas as esferas.

A procura de ajuda em conflitos conjugais vem assumindo uma relevância própria da mudança de mentalidades. Nem todos os conflitos têm que acabar num divórcio podendo o casal trabalhar as suas diferenças com a ajuda de um terapeuta se esse for o desejo dos dois.

Todo o indivíduo é um grupo, ou seja, dentro de cada um existe ao longo de toda a sua vida (um pai "bom", e, ao mesmo tempo, pai mau; uma mãe igualmente "boa e uma mãe "má", a relação do casal, os filhos, os vínculos entre irmãos etc.) sendo que cada uma destas personagens interage entre si no interior do indivíduo e no exterior, levando a que o casal repita o "teatro" da sua família, sem que seja possível escapar à comunicação e vínculos patológicos conhecidos na sua vivência de infância.

As principais causas que desgastam a relação de um casal, ao ponto de conduzir a um desejo de separação ou divorcio, são as seguintes:

Uma profunda desilusão quando a fase de paixão passa e a realidade se impõe.

Personalidades imaturas, de um ou ambos, de dependência dos pais, ou quando os filhos nascem.

A entrada de uma terceira pessoa na vida do casal.

Infidelidade conjugal

Lutos patológicos por resolver

Agressões recíprocas.

Mudança de valores em casais que se formaram ainda muito jovens.

Indefinição de papéis junto aos filhos, sogros e pais.

Falta de limites familiares com as famílias de origem.

Patologia de personalidade de um membro, embora neste caso não seja um factor determinante.

Objectivos da terapia de casal:

Reconhecer a relação vincular do casal (que espécie de jogo, jogam)

Restabelecer o processo de comunicação.

Ajudar a compreender as dinâmicas do casal.

Aceitar as diferenças do outro.Aprender a respeitar o outro enquanto indivíduo diferente.

Na terapia de casal o cliente é o casal e aplica-se a casais casados e de namorados, de todas as orientações sexuais.

Capítulo 19

NÃO CONSIGO ACERTAR NA MINHA ESCOLHAS. O QUE DEVO FAZER?

Relacionar-se afectivamente numa relação amorosa, além de saudável, é muito importante para a vida pessoal e social do sujeito. No entanto, saber conviver e partilhar a vida com outra pessoa de forma harmoniosa pode ser um grande desafio, já que estamos perante duas pessoas que trazem uma herança familiar de outras gerações.

A vida a dois muitas vezes acaba em desgaste por pequenos desencontros do dia-a-dia, brigas constantes, pelas divergências de opinião, discussões sobre a relação que não levam a nada, por aquelas manias que o outro tem, intrusão da família de origem, desacordo na educação dos filhos, traições, portanto, são diversos os factores que se acumulam fazendo com que o casal se distancie. E, nos momentos de crise, o bom e velho diálogo, que é fundamental para qualquer relacionamento, acaba por ser algo bastante difícil.

Antes de colocar um ponto final num relacionamento estável ou no casamento, por causa dos conflitos, procurar uma terapia de casal pode ser uma ajuda preciosa para encontrar um caminho que traga paz e harmonia para os dois. A função da terapia de casal não é evitar a ruptura do casal, mas facilitar o encontro da melhor solução para ambos. Pode-se evitar um divórcio ou o casal pode decidir que não quer mais continuar a relação e que estão melhor sozinhos.

Mas, se nunca casou, ou vive passando de relação em relação, não acerta, então também deve procurar terapia, mas neste caso individual, ou seja uma psicoterapia. É importante descobrir os seus padrões de relacionamento, como usa as emoções e o que é que acontece para não acertar na escolha do parceiro ou parceira.

Será que está a ser exigente demais? Criou um padrão de homem ou mulher acima do que é desejável? Quer um principe perfeito ou uma princesa montados num cavalo branco de preferência? Ou não quer fazer o mínimo esforço para se relacionar com um parceiro (a).

E a psicoterapia funciona?

Claro que funciona. Existem muitas correntes terapêuticas e cada um deve escolher aquela com a qual se identifica. Pessoalmente trabalho com a psicoterapia psicanalítica (com base na psicanálise de Freud), mas existem outras a quem reconheço igual valor, é tudo uma questão de identificação. Não existe uma fórmula mágica para salvar relacionamentos. A finalidade da terapia é fazer com que as pessoas parem tudo o que estiverem fazendo por algumas horas e tenham a oportunidade de rever a vida a dois, se dediquem a olhar para si, para a sua vida, repensem as suas atitudes e dificuldades, enfrentem os sentimentos que julgam difíceis de lidar e aprendam a respeitar-se no diálogo e tenham oportunidade de analisar a historia familiar e relacional de cada um. A análise do genograma é fundamental para uma boa compreensão das repetições que o casal faz, muitas vezes, vínculos que atravessam gerações.

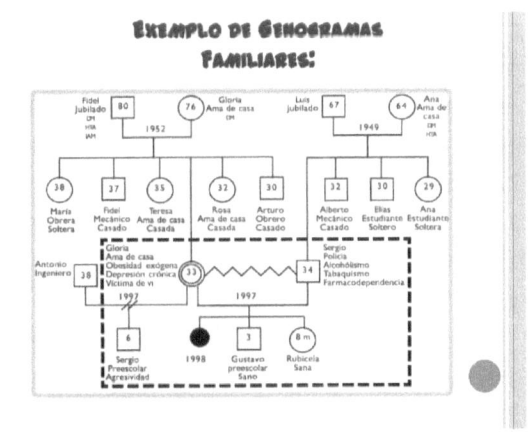

É um espaço apropriado para facilitar o diálogo, com a

ajuda de um profissional capacitado que escutará tudo atentamente. No entanto, a função do terapeuta de casal não é dar conselhos ou palpites na vida das pessoas. O terapeuta de casal irá ajudar a descobrir novas possibilidades na relação e a aprender a resolver os conflitos de forma assertiva.

Não existe a altura indicada para começar a terapia de casal, mas é fundamental que, antes de tudo, o casal consiga reconhecer a insatisfação para evitar que as brigas e crises cheguem a um ponto extremo. A principal pista é saber reconhecer quando as brigas estão fazendo com que se perca o respeito.

Quem procura a terapia de casal deve saber também que o objectivo não é evitar o divórcio, e sim melhorar o relacionamento, tentar uma reconciliação. No entanto, nada impede que ambos cheguem à conclusão de que serão mais felizes separados. Nesses casos, mesmo que a dor seja inevitável, a terapia de casal ajuda as pessoas a enfrentarem a situação de forma menos traumática.

Ser a pessoa certa para a pessoa certa é uma tarefa infinita, e encontrar a pessoa certa é um trabalho difícil, no entanto há sempre um par ou "uma tampa para cada panela" parafraseando a sabedoria popular, e se a pessoa se expuser a situações onde conheça pessoas, decerto vai encontrar o seu par. Mas, se já desistiu, se vive fechado (a) em casa e acha que nunva vai encontrar ninguém que goste de si, está enganado. Sair, ir ao cinema ao teatro, dançar, ir à praia com amigos, são boas oportunidades para conhecer pessoas e, em pleno século XXI, temos as redes sociais, os sites de encontros, ou seja uma panóplia de possibilidades que levam ao conhecimento com alguém. Mas não é perigoso?

Viver é perigoso e mesmo assim, não deixamos de fazer coisas arriscadas, por causa disso.

Mulher 37 anos

" Viver numa cidade como Londres, para um estrangeiro, é complicado. Trabalha-se muito e é difícil

conhecer pessoas. Olhe, instalei o Tinder e em horas, fiz vários contactos. Encontramo-nos sempre em locais públicos. Não deram em nada, não gostei das pessoas, nem para amizade. Até que conheci o António(nome fictício)..."

Esta mulher está casada com o António e já tem um filho e, teria inúmeros casos de casais que se formaram através de redes sociais.

Acha que está esgotado(a), não tem mais forças, vive desanimado, perdeu o apetite e a vontade de rir, sente-se só...então poderá estar deprimido(a) há muito tempo e pode ser uma das razões pela qual ninguém se aproxima de si, ou se o faz depressa se afasta. Estar perto de alguém com depressão, esgota, pois para além de não conseguir ajudar, ainda se sente mal por não saber como o fazer. Se chegou à conclusão que está doente, consulte alguém da área de psicoterapia ou da psicanálise, e comece uma terapia, vai ver a sua vida a mudar em pouco tempo e descobre todo o potencial que tem dentro de si.

Agora já tem algumas dicas do porquê de se apaixonar pelas pessoas erradas e já pode fazer uma auto-análise e decidir o melhor para si. Há uma coisa que os livros de auto-ajuda não dizem, por mais receitas maravilhosas que tentem lhe mostrar: ninguem consegue mudar sozinho quer seja ao nível individual, quer seja o nível de casal. Se a pessoa tem dificuldades nos relacionamentos é porque essas dificuldades já vieram da infância, então, aquilo que foi criado numa relação disfuncional, só pode ser resolvido noutra relação, na relação terapêutica, como o psicoterapeuta. Por mais que lhe digam que tem que mudar sozinho, que a culpa é sua, que está mal porque nada faz para mudar, saiba que palavras dessas só o deitam mais para baixo. Então faça algo por si e, se não consegue acertar com um companheiro (a) vá perceber o que se passa consigo. Boa sorte.

A AUTORA

Lídia Craveiro vive em Portugal e é psicoterapeuta psicanalítica e terapeuta de casal e família. Tem uma larga experiência de trabalho com casais e famílias e dedica-se a esta actividade quase por inteiro. Faz trabalho institucional há mais de trinta anos com crianças e jovens com problemáticas de comportamente e dificuldades de aprendizagem. Recentemente dedicou-se à escrita como romancista . É casada, mãe e avó.

É apaixonada por viagens, novas culturas, e arte.

AGRADECIMENTOS

Agradeço aos meus mestres, alunos, e a todos os pacientes que me permitiram aprender com eles e partilhar das suas vidas.

Bibliografia:

Porto, M & al (2015). Terapias Psicanalíticas de Casal e Família. Editora Parsifal – Lisboa.

Kaes, R. (1987). Transmissão da vida psíquica entre gerações. São Paulo: Casa do Psicólogo, 2001.

Kaes, R. (1991). Lo negativo, figuras e modalidades. Buenos.

Eiguer Albert (2012). Le pervers narcissique et son complice. Dunod, Paris.

www.ingramcontent.com/pod-product-compliance
Lightning Source LLC
Chambersburg PA
CBHW051359280526
45784CB00007B/3020